実録・サイバー攻撃の恐怖

あなたの〝すべて〟が狙われている！

北島 圭

サイバー攻撃の恐怖

はじめに

本書は2014年6月から2016年4月にかけて電経新聞に連載した「サイバー攻撃2020年を視野にその傾向と対策を探る」を大幅に加筆修正して書籍化したものだ。

小社（電経新聞社）には毎週、数百通のプレスリリースが送られてくるが、近年はその多くがサイバー攻撃、セキュリティ対策に関するものだ。インターネットが生活必需品となったいま、世界中で増殖を続けるサイバー攻撃は日々高度化し、われわれの生活を容赦なく脅かす。

現在、大きな社会問題になっている不正送金はその典型だ。興味深いのは、日本で荒れ狂っている不正送金ウイルスの手法は、かつて（2008年頃）英国で跋扈した手法と同じだということだ。つまり、海外で暗躍した手法が数年遅れで日本に伝播しているともいえる。

2020年に開催される東京オリンピック・パラリンピックを筆頭に、世界から注目を浴びる機会の増える日本。その日本に世界中のブラックハッカーが照準を定めている。これは専門家の一致した見解だ。

誇張なしに、東京オリンピック・パラリンピックがサイバー攻撃で中断させられることもあり得る。

われわれはサイバー攻撃にどう対処すればよいのか。2020年までに何をどう整備すればよいのか。そもそもサイバー攻撃を撲滅する手立てはないのか。

以上のような視点でサイバー攻撃に絡んだ取材を始めたのが2014年の春だった。

実は、それ以前から私はサイバー攻撃に着目し、取材に乗り出していた。ところが、思いのほか難航し、連載を企画しては頓挫するという失態を繰り返していた。目に見えて、手に取れる世界とは異なり、仮想空間で引き起こされるサイバー攻撃の実態を探るのはひどく厄介だ。とくに厄介なのが事例を集める取材だ。政府、企業を問わず大組織は四六時中サイバー攻撃の被害に遭っているが、大量の個人情報が漏えいしたなど、よほどのことがない限り、公にすることはない。企業は、ブラックハッカーに標的にされたという事実だけで株価下落につながるなど、何かと悪影響を及ぼすので、とにかく隠そうとする。そのためサイバーセキュリティの現場で何が起きているのか、ほとんど把握されていないのが実情だ。

一方で、ある専門家が私に釘を刺した。

「勘違いしないでほしい」。

「個々の事例を集めても、それらは決して最新情報ではない。表に出た時点で、すでに古くなっており、水面下では新たな手法が蔓延している。そのことを前提にしないと誤ったメッセージを伝えることになる」。

サイバー攻撃の世界は極めて錯綜しており、教科書的な筋道を立てて説明するのは無理だ。「サイバー攻撃の歴史」「サイバー攻撃の現状」「東京オリンピック・パラリンピックの際に想定される攻撃」「必要な対策」というふうに筋道を付けられれば、読みやすくはなるだろうが、結果として、実態とかけ離れた虚構に近くなるのではないかと私は危ぶんだ。

サイバー攻撃の仕掛け人であるブラックハッカーは謎に包まれており、ハッカーコミュニティの生態系も非常に複雑で、掴みどころがない。私が接触した数名のブラックハッカーは、高度な技術を操るインテリだったが、精神構造は明らかにエキセントリックで、およそ常識は通じない。これは余談だが、あるブラックハッカーは金銭に貪欲で、いまもときどき奇妙な対価を要求しては、私から金銭をもぎ取ろうとする。当初は、胸襟を開いて信頼関係を築こうと、いろいろ試してはみたが、私の努力はことごとく徒労に帰した。とどのつまり彼らはサイバー空間を根城にする与太者であり、一般的な犯罪者と同様、社会の底で暗躍しているのだ。優等生が好む教科書的な理論でさばける連中ではない。

別な見方をすれば、ただならぬ脅威がぬえのように市井の人々にまとわりつき、便利で豊かな生活を蝕もうとしている。

そんな陥穽《かんせい》だらけの世界を正攻法で描くのは無理筋だ。最低限の筋道を維持しながら、斜に構えつつ、茶を濁しつつ、それでいて根掘り葉掘りと話を進めていくことが、サイバー攻撃の本質を肌感覚で捉える上でいちばんの近道だと私は考えた。

なお、本文中に登場する人物の肩書き、数値データなどは原則として新聞掲載時のままとした。また関係者、固有名詞は筆者の判断で適宜匿名を用いた。

目次

第1章　ブラックハッカー

チャイナマフィアに「先生」と呼ばれる男

「サイバー攻撃やハッキングは難しいと思われがちだが、実はすごく簡単。手間がかかるとすれば、ばれないようにする仕組みをつくることくらいだ」。

そういって彼はハッカー仲間と共同で開発したというソフトを立ち上げた。

「これはわれわれにとって最も基本的なソフト。これでハッキングもできるし、DoS攻撃（※1）もできる」。

彼は、手際よくパソコンを操作しながらそう説明し、瞬く間に小社（電経新聞社）ホームページのサーバに侵入してみせた。

「まず、どこにサーバがあるかを調べて、アドレスを把握する。そのアドレスからウェブサイトの構成がわかる。次にどのポートが開いているのかを調べる。ポートがわかればあとは簡単。そこにつないで、情報を盗もうが、マルウェア（※2）を送り込もうが自由自在だ」。

目の前で繰り広げられる光景に呆然とする私を尻目に、彼は淡々とハッキングのノウハウを示していく。

「ハッキングでいちばん時間を食うのは、開いているポートを探すことかな。あとはばれないようにプロキシサーバ（※3）を数台噛ませているが、プロキシサーバを増やすと通信速度が遅くなるので、そこをうまく工夫することくらいだ」。

市販の安価なプロキシサーバでも複数台を噛ませれば、侵入のログは残っても、どの端末で侵入したのか特定されることはまずないという。彼によると、日本の場合、プロキシサーバを3台噛ませれば特定されないそうだ。

彼は日本人。現在はチャイナマフィアとつるんでいる。マフィアからは「先生」と呼ばれている。中国人ブラックハッカーの相談に乗ったり、技術指導を行ったりしているからだ。日本ではオンラインバンキングの不正送金が社会問題になっており、首謀者は中国人だとされているが、彼によると、その基本的なやり口は実は日本人によって編み出されたものだという。

彼は続ける。

「チャイナマフィアは中国共産党の幹部とも付き合っている。党幹部はマフィアに、日本のこういう情報がほしいと持ちかけ、その話がマフィア経由でわれわれのところに降りてくる」。

例えば、いまから数年前、某日本企業のアルミホイル向け研磨機の仕様が中国に流れた。これはサイバー攻撃によるものだが、このときの仕様データは1000万円で売買されたそうだ。

いま中国では日本企業と同じ製法で粉ミルクがつくられている。なぜならサイバー攻撃によって日本企業の製法が中国に渡ったからだ。このときのサイバー攻撃は日本人ブラックハッカーがやった。製法データは3億円で売れたという。

「中国から来る依頼はかなり具体的だ。このあいだも某企業が開発した液晶パネルの発光ダイオード信号のボルト数を知りたいという依頼があった」と彼は話す。

ちなみに現在のブラックハッカーコミュニティで話題になっているのは、防衛省の航空母艦に使われているコンピュータ仕様に関する機密情報だ。

防衛省のセキュリティは高度で、名うてのブラックハッカーでも侵入するのが困難だが、もしその機密情報を窃取できれば10億円で売れるそうだ。

彼はこんなことも言った。

「日本の企業にDDoS攻撃（※4）を仕掛けると、企業のほうはデータが盗まれたわけでもないのに〝攻撃をやめてくれ〟とメールを寄こしてくることがある。そのとき〝攻撃をやめてほしければカネを払え〟と返信すると、あっさりカネを払うところが意外なほど多い。とくに金融機関はその傾向が強い。信用第一なので表沙汰にしたくないのだろう」。

あなたの銀行口座もクレジットカードも狙われている

「日本人ブラックハッカーはどのくらいいるんですか」。

「われわれのように、えげつない手法を駆使する連中がどのくらいいるか知らないが、ゲーム感覚でやっている奴らを含めると、かなりいる。表でまともな仕事をしながら、裏で悪さをしている奴もいる」。

彼によると日本のブラックハッカーコミュニティは活性化しており、情報交換も盛んだそうだ。

「あそこに侵入したいのだが、セキュリティはどうなっているのか」といった情報交換をフリーメールで頻繁に行っているという。

こういうやり取りを通じてサイバー攻撃の手法を高度化させていくのだろう。

「日本は、マスコミも含めて臭いものにふたをしたがる。その最たるものがオンラインバンキングの問題だ。だいぶ前から社会問題になっているが、マスコミは表層を報道するばかりで、深層を知ろうとしない」。

彼はそう言って、私の反応を確認するように一瞥をくれた。そしておもむろにオンラインバンキングを狙ったハッキングの手法について語り始めた。

オンラインバンキングをハッキングする手法は多様化しているが、最新の手法は「フィルター」と呼ばれるマルウェアを駆使する。

フィルターでオンラインバンキングのサイトと同じデザインのニセ画面を利用者のパソコンに送ると、利用者はニセ画面とは知らずに重要情報を入力する。これでＩＤ、パスワードをはじめとした情報を一網打尽で手に入れる。

「フィルターは、中国から送り込まれることが多いが、実際は日本のブラックハッカーがつくったものだ」と彼は付言した。

他人の銀行口座にあるお金を自分の口座に移すのは簡単だそうだ。ただ直接自分の口座に移すのは危険なので、第三者口座を利用する。この辺は振り込め詐欺などの特殊詐欺と同じ構図だが、オンラインバンキングのほうがはるかに捕まりにくいという。

「いま世の中で騒がれている不正送金は氷山の一角。被害額も実際の10分の1程度ではないか」と彼は言及。その上で「マスコミは当たり障りのない話ばかり報道している」と再びマスコミ批判を繰り返した。それにしても何かにつけてマスコミを批判したがる態度はいかにも日本人らしい。

日本企業が保有する顧客のクレジットカード情報も相当盗まれており、こういった情報を中国人が買い取り、偽造カードをつくって、買い物をしまくっているそうだ。

とくに現状はスマートフォンがボロボロにやられているという。利用者の多くが、スマートフォンの中にクレジットカード番号などを格納しており、それらが入れ食い状態で盗まれている。

「スマートフォンでネットショッピングをする際、クレジットカード番号などを打ち込むが、それがログとして残ったままになっているので窃取するのはたやすいことだ」と彼は説明する。

かつて、POSレジはパソコン通信の回線を使用しており、電信形式でデータを送っていたので、ある意味、堅牢で大きなトラブルはなかった。しかし、現在はインターネットがベースになっている。

「店側がクレジットカードのデータを送信するときは、データに暗号をかけるのが常だ。しかし送信前のデータは暗号がかかっていない生データだ。生データが格納されたストレージに入り込めば、クレジットカードのデータはいくらでも盗める」。

余談になるが、日本の暴力団もごく一部はサイバー攻撃をしのぎにしている。ただ、それはかなり珍しいケースであり、現状は確実に儲かる特殊詐欺や麻薬売買に、より力点を置いているようだ。

ちなみに特殊詐欺の必須アイテムである〝カモ名簿〟はハッカーコミュニティでも出回っているそうで、「あのおじいちゃんはいくらやられたから、次も行ける」といった情報交換もなされている。「カモ一人150円」という具合に、情報に対する価格も定まっているという。

ウイルス対策ソフトではサイバー攻撃は防げない

「しかしいまはウイルス対策ソフトも高度化しているので、ハッキングもしにくくなったんじゃないですか」。

私の問いかけに彼はニヤリと笑い、「ウイルス対策ソフトはマルウェアが発生したあとにワクチンをかけるだけで根本的なガードになっていない」と明言。そして、私の怪訝を小手先で拭うように、そのからくりを詳述した。

「われわれは、ポートがなかなか見つからない、あるいはこのポートを入口にすると、すぐにばれてしまうという場合にマルウェアを使う。一方、ポートが見つかって、侵入がばれないとわかれば直接つなぐ。こうなるとウイルス対策ソフトなど何の意味もない。そもそもマルウェアを使わないのだから」。

なるほど、構造的にはOSの自動更新に似ているわけだ。あれは利用者にとって便利なサービスだが、OS提供者からは利用者のパソコンの中身が覗けるわけだし、うがった見方をすれば一種のハッキングとも言える。

名うてのブラックハッカーは基本的にOSメーカと同じやり方で相手のパソコン内に入り込んでいる。手の込んだマルウェアも詐欺的な駆け引きもいらない。ただターゲットのパソコンやスマートフォンに侵入するだけだ。

「ブラックハッカー」という言葉の響きから、読者はどんな人物を想像するだろうか。チンピラ風情かオタク風情か。まあ、人それぞれイメージは異なるだろうが、私が接触したブラックハッカーは質実な技術者だった。日本を代表する電機メーカで活躍し、国策プロジェクトに関与したこともあったそうだ。

彼は早くからブロードバンドの普及、それに伴うサイバー攻撃の脅威、セキュリティの重要性を把握し、セキュリティ技術の開発に心血を注いできた。

「あの頃はルータ開発に携わっており、ポートを守るためのハード的なガードをつくった。ところが、そのガードが強すぎてフリーの動画やゲームが使えなくなるということで、上位レイヤの事業者が圧力をかけてきて、結局、頓挫した」と彼は当時を振り返る。

リストラの嵐が吹き荒れたのは、それから間もなくのことだった。

「会社を辞めて、セキュリティ会社を設立したが、当時はセキュリティの重要性をわかってもらえず、お金にならなかった。そんなとき、あるブラック系の会社が、サイバー攻撃で自社のホームページが荒らされたので、仕返しをしてくれと依頼してきた。その頃からハッカー稼業に染まっていった」。

そんな彼が言う。

「日本の場合、通信インフラもそうだが、高速だとか、快適だとか、コマーシャルな部分は強化するが、セキュリティに対する考え方が全然なっていない」。

日本では、サイバー攻撃が発生すると、すぐに中国の仕業だと騒ぐが、実はいまはベトナムやフィリピン、韓国からの攻撃も旺盛だ。若手のブラックハッカーは新興国を中心に増殖している。

「中国のハッカーは、われわれが現役時代に教わったコンピュータの基本技術を熱心に学んでいる。なぜかというと、贋作をつくるときに必要になるからだ。しかし、日本の若手技術者は基本技術を継承しないいまま、新しい技術だけでコンピュータをつくっている。だからサイバー攻撃に対する防御手順がわからない」と彼は話す。

その中にあってほとんど継承されてこなかったのがフォートラン（※5）とコボル（※

6）だ。とくにメインフレームの主要技術であるコボルは一気に廃れて、技術が断絶してしまった。

「メインフレームの中にある膨大な資産はコボルを知る技術者がいないとどうすることもできない。実はここにもわれわれの入り込む余地がある」。

「最早サイバー攻撃は止められないのですか」。

「絶対に止められる」。

私の問いかけに彼は間髪を入れず断言した。

「サイバー攻撃はイタチごっこだが、予測できるので、その部分を防御すればいい。そのときの防御は、ソフトで行うのではなく、物理的なガードを張ることだ。ルータにしろ、モデムにしろ、ガードを張ればハッカーは侵入できない。例えば、ブロードバンドを使う際、ルータを噛ませれば、複数台のデバイスが使えるようになる。しかし、このルータのセキュリティが非常に甘い。逆にルータにきちんとガードをかければサイバー攻撃は必ず防げる」と言及。「こういった部分で通信キャリアが果たす役割は大きい」とも述べた。

「これだけは書いてください」。

取材を切り上げようとした私を制止し、彼が強く求めた。彼の胸底深くにある、なけなしの正義感を垣間見る思いがした。

「日本政府、通信事業者、マスコミはセキュリティに対する考え方を敷衍《ふえん》し、ブラックハッカーを防ぐハッカーを育てるよう誘導していかなければならない。セキュリティ人材を増強しようという動きは、10年前にもあったが、全然効果が上がっていない。なぜなら人材を増やしても就職口が増えないからだ。ビルやマンションのセキュリティにガードマンを置くように、コンピュータにもガードが必要なのだが、日本では、こういった発想がなかなか浸透しない。しかし、このままサイバー攻撃を放置すれば社会の信頼は本当に崩れてしまう」。

暗躍するプロキシサーバ代行業

渋谷の某所。厳寒の2月。その日は粉雪が舞う、とくに寒い一日だった。私はそこである男に会った。

犯罪に染まったプロキシサーバ代行業者の実体を聞くためだ。

その前に、あの事件の概要を記さねばならない。

２０１４年11月19日、中国からの不正アクセスに使われたプロキシサーバ代行業者が摘発された。流出したＩＤとパスワードを使い、オンラインバンキングの不正送金などを行っていた。

新聞報道によると、警視庁など19道府県警の合同捜査本部が各地のプロキシサーバ代行業者8社を捜索。このうち「大光」と「ＳＵＮテクノ」の関係先を捜索し、６人を不正アクセス禁止法違反容疑で逮捕した。

この代行業者は一般ユーザのプロバイダＩＤ・パスワードを入手して利用。専門家は一般ユーザのＩＤ・パスワードが漏えいした原因として、家庭などで使われているプロバイダ接続ルータの脆弱性を指摘している。

「われわれの仲間が上野と池袋で逮捕されたのは確かだ。何があったかって？ 内部告発さ。内部抗争の末、だれかがリークしたわけだ。われわれが通常の捜査で捕まることなどまずない」。

彼は飄々とそう語った。

彼によると今回の摘発で、台数にして２００台ほどのプロキシサーバが押収されたそうだ。

ただ摘発されていないものが、まだたくさん残っているという。

「ぼくが掴んでいる範疇で、まだ残っている中国系プロキシサーバは500台くらい。東京だけで170台はある。渋谷と品川かな。それらは中国系マフィアが立ち上げたプロキシサーバ専用のプロバイダが運営している」。

日本でプロキシサーバ代行業を営むのは、中国系が圧倒的に多い。ただ最近はロシア系やパキスタン系も目立つという。


ところで、なぜプロキシサーバが問題になるのか。

この質問に彼はもったいぶった言い回しでこう答えた。

「ご存知の通り、かつてプロキシサーバは、中継サーバとして使われていた。しかし、いまはハッカーの匿名性を確保する道具として使われている」。

要するにこういうことだ。

プロキシサーバは、世の中がブロードバンド化する以前、ネット上の動画などを比較的円滑に享受できるよう、高速アクセスを可能にする中継機能を担っていた。

プロキシサーバにキャッシュ（一時的に保存されたデータ）を持たせ、そこからデータを引き出せば、ユーザはその分だけ高速感を味わえる。

ただ光ブロードバンドが普及したことで、黙っていても高速にデータを取得できるようになり、プロキシサーバの役割は有名無実化した。

一方、プロキシサーバには、利用者の匿名性を強める特徴がある。例えば、自分のIPアドレスでAというサーバにアクセスすれば、Aからは自分がアクセスしていることがわかるが、間にプロキシサーバを噛ませれば、Aからはプロキシサーバのアドレスしかわからない。

そのため海外のブラックハッカーは日本に侵入する際、日本にあるプロキシサーバを経由する。日本の官公庁や金融機関は、セキュリティの観点から他国から来るIPアドレスに慎重で、シャットダウンすることも多いが、日本のプロキシサーバを経由させれば、日本のIPアドレスでアクセスしていると認識し、素通りできるからだ。

ちなみにブラックハッカーのコミュニティには「串刺し」「匿串」「串下り」といった隠語がある。

串刺し、匿串というのは、プロキシサーバを経由して、ネット上での自分の身分を隠すことを意味する。串下りは、プロキシサーバを経由して、違法なコンテンツやアプリケーションをダウンロードすることだ。

「これが串下り」。

彼は私の目の前で実際に串下りを行い、違法ファイルをダウンロードしてみせた。
「こんなふうにすり抜けるのは簡単で、ハッカーの世界では当たり前になっている」。

ところで、プロキシサーバ代行業には無料版と有料版があるが、お察しの通り、無料版を提供する事業者には怪しいところが少なくない。利用者がプロキシサーバにアクセスすると、IPアドレスをはじめとした個人情報はすべてプロキシサーバ側に残る。まっとうな事業者は、それら個人情報を消去するが、あえて濫用する不届きな事業者もいる。こういうことをするのは、えてして無料版を提供する事業者だ。

摘発された大光とSUNテクノもプロキシサーバに残った個人情報を濫用してIDとパスワードを不正に入手していた。

IPアドレスから、どのドメインを使って、どのプロバイダを介して、どういう経路でプロキシサーバに入ってきたのかすべて把握できるので、そこからIDとパスワードもわかってしまう。

このからくりにメスを入れない限り、プロキシサーバを経由したIDやパスワードの流出はなくならない。

「報道では一般ユーザのプロバイダIDとパスワード約1500件が流用されたとなって

いるが、実際は2万件。それらのIDとパスワードを使って、中国からプロキシサーバ経由で日本の銀行のサーバにアクセスしていた」と彼は説明する。

警察が押収した大光のプロキシサーバには、オンラインバンキングのダミー画面も格納されていた。

オンラインバンキングの利用者が、ダミー画面とは気づかずに取り引きすると、IDやパスワードなど利用者の個人情報がすべて抜き取られる仕組みだ。こうして盗み出した情報を使って不正送金などを行う。

要するにフィルターを駆使しているわけだが、彼の言葉を借りるなら「これはインターネットの前に透明なカーテンを張るようなもの。それを通して利用者にアクセスさせれば、そのカーテンにすべての情報が吸い付いてくる」。

このカーテンのようなダミー画面（フィルター）は一種のマルウェアで、このマルウェアをターゲットに送り付け、開かせることができれば、個人情報は自動的にブラックハッカーの元へ送られてくる。

事態を重く見たセキュリティ会社の中には、フィルターを防ぐソフトを提供しているところもあるが、ブラックハッカーのコミュニティでは、そのソフトをすり抜ける最新バージョンのフィルターがすでに出回っているそうだ。

「本物の画面とダミーを見分ける方法はありますか」。

私の質問に彼はこう答えた。

「プロが見れば、ダミー画面とわかるが、素人にはわからないだろう。一つだけ言えるのは、ダミー画面をクリックすると、画面の上に、一瞬アドレスが表示される。ダミー画面は、ハッキングしている連中のサーバにつながるので、そのサーバのアドレスが一瞬だけ出る。あえて言うなら、そこが見分けるポイントだ」。

オンラインバンキングのダミー画面のほかにもいろいろなダミー画面が存在する。例えば株式を示すダミー画面。これを証券マンやトレーダ、ディーラに送り付けて株価操作を画策するブラックハッカーもいる。ちなみに、この手の悪事は、組織的に行われるのが一般的だ。

立ち上がりつつある新たなブラックビジネス

いま彼の仲間たちは、新たなブラックビジネスを立ち上げようとしている。

「新手のアダルトサイトとでも言えばいいのか、インターネット上に、マッサージ店やピンサロ、ソープランドなどを開店する。もちろんバーチャルなマッサージ店であり、ピンサロだが、この手のサイトにアクセスする輩は多い。アクセスさせて個人情報をすべてゲットする」と彼は話す。

かつて彼らは、アダルトサイトを覗いた利用者に不正請求などをして儲けていた。だが、いまは不正請求などしない。ID・パスワードといった個人情報だけを掠め取る。要するに不正送金や、オレオレ詐欺、振り込め詐欺といった特殊詐欺に必要なデータを狙っているのだ。

「最近のターゲットは、スマートフォンとタブレット端末だ。セキュリティが甘く簡単に侵入できる。とくにツイッターとLINE。だれかのツイッターに侵入して、そのユーザの友人データを根こそぎ窃取し、不正送金などに使う」。

彼によると闇市場では個人のスマートフォンデータは1台1000円ほどで取り引きされているそうだ。かなり高額だが、それはスマートフォンに格納されている情報が濃密だからだ。確かに電話番号をはじめ、決済番号などさまざまな個人情報が1台に詰め込まれている。ちなみにスマートフォン内にクレジットカードのデータが入っていれば、取引額は1台5000円までに跳ね上がるそうだ。

「日本で、こういった情報を悪用しているのは圧倒的に中国人」と彼は言及する。

それにしても、なぜ中国人はわざわざ日本を舞台に悪さをしたがるのか。自国でも十分稼げるはずだ。

この質問に対する彼の回答は明快だ。

「中国でサイバー攻撃を仕掛けてもすぐにばれて公安当局に捕まる」。

周知の通り、中国のインターネット検閲は強烈で匿名性はほとんど担保されていない。中国公安当局もブラックハッカーの動きに目を光らせている。

「ただ、日本と米国に攻撃をしかける場合は、中国公安当局は見て見ぬふりをするそうだ。だから日本はターゲットになりやすいと中国人から聞いたことがある」と彼は話す。

「このあいだも中国の連中がある日本企業のネット口座に侵入して、6000万円を不正に取り出していたな」と彼は思い出したようにふいに語り始めた。

通帳記帳をすれば、お金が不正に取り出されたことはわかる。ただ大企業の場合、一日に数十件もの取り引きがあるため、1000万円以下の取り引きはチェック漏れになってしまうこともある。

その辺は、中国人も心得ているようで、すぐに気付かれる可能性のある個人口座をターゲットにすることはまずない。基本は大企業、そして窃取する金額も1000万円以下と決めている。不正送金をするタイミングも絶妙だ。

彼は言う。

「不正送金は、ターゲット企業がお金を移動させるときに行う。例えばAという日本企業が、中国に取引先を持っているとする。Aが中国の企業に正規に1000万円を送金したとき、それと同時に500万円を自分の口座へ移動させる。（ブラックハッカーは）ターゲットの企業がオンラインバンキングにログインするのをチェックしており、ログインしたのを見計らって不正送金を行う」。

こうして、中国の口座に不正送金された500万円は、中国の銀行から現金として引き出される。日本企業が汗水たらして稼いだお金が、さらに言えば、日本の貴重な国益が何の造作もなくポンと中国へ移ってしまう。

これがサイバー空間の現実だといえばそれまでだが、こういった卑劣な行為をいつまでも野放しにして本当にいいのだろうか。

彼も同意見だった。

「ぼくは中国のブラックハッカーと組んでいるが、日本人として、なんで中国人にここまでいいようにやられないといけないのかと悔しく思うこともある。わかっていて止められない歯がゆさもある」と語った。

彼らは内部告発でもない限り捕まらない。そこには日本の法律の不備もありそうだ。スパイ天国と揶揄される通り、日本の法律は知能犯罪に対してグレーな部分が多く曖昧だ。

「いまの旬は何ですか」。

「電子マネーだね」。

従来スイカやエディなどの電子マネーは偽造できないといわれていたが、それも過去の話だ。彼は一枚のICカードを取り出し、「これは外見は本物だが、中身は偽造されている」といった。

そのICカードには5万円が格納されている。これで1万円の買い物をすれば、だれかの銀行口座から1万円が減る。だれの口座かはわからない。クレジットカード番号とセキュリティ番号、そして氏名があれば、こんな偽造カードは簡単につくれてしまう。

「自動チャージなので、相手が気付くまで使える。大概は請求書が来て、初めて気付く」。

「最後にもう一つ。日本で最も堅牢なシステムは何ですか」。

「ああ」と彼は大きく頷き「新幹線だ」と答えた。

日本の象徴でもある新幹線は格好の標的だ。しかし、新幹線のシステムに侵入するのは至難の業だという。

「なぜなら、あれはインターネットじゃなく、ローカルネットワークを使っているから。

新幹線は昔のままの仕組みなので、ちんけではあるが、安全だ。よくできたシステムだと思う」。

マフィアとブラックハッカー

ここで掲載した内容は、ブラックハッカーの話をそのまま鵜呑みにして垂れ流しているわけではない。いくつかの確認作業を行い、平仄《ひょうそく》の合ったものを掲載している。具体的には最前線のセキュリティ技術者（ホワイトハッカー）にインタビューし、現場の実情と符号する内容を取り上げ編集した。

あるホワイトハッカーはこう述べた。

「サイバー攻撃のほとんどが中国からやって来るが、そのやり口を見ると、中国人だけで遂行するのが困難なものも多く、何らかの形で日本のブラックハッカーが関与していると読んでいたが、その辺の様相がわかってきた」。

また文中に「チャイナマフィア」「中国共産党」といった表現もあるが、裏取りが難しい部分だ。とくにチャイナマフィア。一口にマフィアといってもその実態はよくわからない。巨大な犯罪組織もあれば、単なるチンピラ集団もあるため、ブラックハッカーがどの程度の組織を指しているのか判然としない。ただ、ホワイトハッカーの「中国からの攻撃には明らかに組織立ったものがある」「ロシアや中国には公務員ハッカーが存在する」といった証言を参考に、ブラックハッカーが使った表現をそのまま採用した。

私が接触したブラックハッカーは、かなり込み入った話も明かした。それらは綿密な裏取りが必要な事象である上、多分に政治的・外交的な問題が絡むため、いまだ信ぴょう性が得られず掲載を見送った。

サイバー攻撃と暴力団の関係も気になるところだ。私自身、この点に興味があり、何かあると睨んでいたが、現状とくに目立った動きはない。

『詐欺の帝王』（文春新書）、『暴力団』（新潮新書）などの著書がある作家の溝口敦氏にその辺の消息を聞いたところ「暴力団がサイバー攻撃でしのぎをしているという話は聞かないし、半グレ集団も専業でサイバー攻撃をやっていない。考え過ぎではないか」とのコメントが返ってきた。

暴力団は現金主義で即現金になるしのぎを好む。サイバー攻撃のような多段的なプロセスを踏むスタイルは性に合わないのだ。

高齢化社会真っ只中の現在、暴力団も高齢化が進んでいる。高齢者のデジタルデバイドが社会問題になっているが、それは暴力団も同様で、組織のICT化はかなり遅れているという。

「そういう観点から言っても、彼らがサイバー攻撃を仕掛けるというのはちょっと考えられない」と溝口氏は語る。

あるセキュリティの専門家が私に言った。

「日本は国を挙げてセキュリティ人材を育成しないといけない。そのときのポイントは2点。一つは組織の規則をきちんと守れて、教科書を素直に読むことでセキュリティ技術を磨いていく人材。もう一つは感覚が飛びぬけた人材だ。この手の人材は教えて育つものではないので、発掘して、大事に囲わないといけない。難しいのは、その手の人材は囲われたがらないことだ。そういう意味でもマネジメント力が非常に重要になる」。

確かにブラックハッカーの中には、組織に背を向けた一匹狼タイプが多い。彼らをうまくマネジメントできれば、ホワイトハッカーとして生かせるはずだが、言うは易く行なうは難しというのが実状だろう。

あるブラックハッカーが「ホワイトとブラックの境なんてない。紙一重の世界だ」と言及したことを思い出す。

カメレオンのような男

日本にも少なくない数のブラックハッカーが存在することは確かだが、そのほとんどが金銭目的だ。ただ、2020年を視野に入れると、金銭目的でない、つまり政治的意図を持ったブラックハッカーの動静も知っておきたい。そう考えていろいろ聞き回っていると、政治的意図を持ったハッカーが、少数派ながら日本にも存在しているようなのだ。つてを頼りにある男と接触を図ってみたが、なかなか連絡が取れなかった。気長に待つしかないと腰を据えていたが、いつまで経っても音沙汰なしで、やはりインタビューは無理かなと諦めかけていた頃、ふいに「会う」と連絡が入った。そして、彼に会った。2015年3月、春風がそよぐ新宿の外れにある繁華街だった。

カメレオンのような男だった。スパイのようでもあり、テロリストのようでもあり、ブラックハッカーのようでもあった。本人曰く、アスペルガー症候群だそうだが、コミュニケーション能力はわりと高い。

私はこの男と約3時間向き合い、サイバー攻撃の動向を聞いた。というよりサイバー攻撃を道具として使ったインテリジェンス（※7）のイロハを聞いたといったほうが適切かもしれない。

用心深い男だった。取材の基本である録音をひどく嫌がった。おかげで話の内容を暗記せざるを得なかった。彼と別れ、会社へ戻る電車の中で、私は備忘録を記し続けた。会社に戻っても記し続けた。

あまりに生々しい話で、映画のシナリオを聞かされている気分になった。裏取りも不可能に近い。


某喫茶店で、その男を待った。ふらりと現れたその男は、どこにでもいる、ごく普通の中年男性だった。アイスコーヒーを注文し、タバコに火をつけ、こちらの様子をうかがうようにゆっくりと下唇をなめた。

「私のやっていることは国家機密に関わる」。

男はこう述べて、再びタバコに火をつけた。

大上段のテーマがいきなり飛び出し、どう反応してよいかわからなかった。しょうがなく私もタバコをくわえて火をつけた。

私の得ていた事前情報では、その男はハッカーコミュニティでも一目置かれる存在で、定期的に各国にサイバー攻撃を仕掛けているとのことだった。

「サイバー攻撃で機密情報を窃取しているということですか」。

男は私の質問に答えようとせず、こううそぶいた。

「サイバー攻撃なら昨日もやった。30件くらいバンとね。イギリスやメキシコの企業で脆弱性があるところを手あたり次第に狙った」。

「それで機密情報を収集したわけですね」。

私は前のめりで質問を繰り返した。

「いや、ただのウェブサイト改ざん」。

男は、あっけらかんとした表情で、アイスコーヒーをすすった。

私を試しているのか、それとも用心しているのか。こんなギクシャクしたやり取りがしばらく続いたが、男は徐々に曲がり角を過ぎたような対応を見せ始めた。

「確かに一次情報の収集がいちばんの目的だ。そのためにサイバー攻撃を仕掛けている。ただ情報窃取が一義ではなく、コミュニティから信用され仲間と認められるためだ」。

海外のブラックハッカーやテロリストと交流して、彼らから一次情報を得るためにサイバー攻撃を行うというのは、なんとも回りくどい手段だ。

男は付け加えた。

「定期的にサイバー攻撃を仕掛けることで、コミュニティの連中から『あいつもやってるな』

と注目され、広く付き合えるようになる。こういうカラクリだ」。

周知の通り、サイバーの世界は急進的だ。1週間前の出来事であっても、遠い昔話のように扱われる。存在感を示し続けるには、つねにサイバー攻撃を打たねばならないのだろう。

「彼らと付き合うことで機密情報を得られやすくなるわけですね」。

「いきなり機密情報がバンバン入ってくるなんてことはない。丁々発止とやり合って、人間関係をつくらなければ無理だ。この辺は現実の世界と何も変わらない」。

ときには20代の中国人ブラックハッカーの恋愛の悩みを聞いたり、テロリストから技術的相談を受けたり、彼らが攻撃に成功した際の自慢話に相づちを打ったりすることもあるそうだ。そういった交流を継続することで、コミュニティの中でだれが影響力を持っているのか、いまどんな企みが動いているのかを把握するのだという。

「この間も中国の連中がお祭り感覚で日本にサイバー攻撃を仕掛けたが、中国のブラックハッカーは必ずしも技術力が高いわけではない。ただ、影響力のある奴の動員力は凄まじい。そういった連中と付き合うことで、生の一次情報が入ってくる」と男は語る。

ちなみに彼は50ほどのハッキンググループに入っているそうだ。

男によると、フェイスブックも情報収集のよいツールになるという。

「フェイスブックにはイスラム国（ＩＳ）の関係者もいるし、アルカイダ関係者もいる。中国や北朝鮮のスパイもいる。私は、そういう連中とも広く浅く関わっている」。

もちろん男は実名を絶対に明かさない。一方、テロリストやスパイの中には無防備なアマちゃんもいるらしく、実名をはじめ家族構成や住居まで公表しているという。

そんな彼らに友だち申請をすると、わりと気軽に承認するし、彼らの友だち関係を辿っていくと、類似性を帯びた関係者もピックアップできる。

「フェイスブック上でサイバー攻撃をよく自慢しているのはインドネシア人。インドネシアはイスラム圏なのでアルカイダやＩＳの支持者も多い。私がフェイスブックに『ハッキングに成功した』と書き込むと、友だち申請をしてくることもある。もちろんすべて受け付ける。こういう形で情報を収集している」と男は説明する。

「ハッキングで最初に狙ったのはＫＫＫ（クー・クラックス・クラン）のホームページだった」。

男は思い出話を楽しむように、これまでの経緯を語り始めた。

白人至上主義を唱える秘密結社のホームページには、黄色人や黒人を根拠なく誹謗する文言が羅列してあった。その荒唐無稽な内容に義憤を覚えた彼は、ＫＫＫのサーバに侵入し書かれてある文章をすべて書き換えた。

いまからおよそ20年前のことだ。

２０００年代初頭には、北朝鮮をつねにウォッチし、インターネットを介した日本から北朝鮮への技術供与の実態を把握した。

男は語る。

「ちょうどその頃からアルカイダがインターネットをテロの道具として積極的に活用にするようになる。日本人が現地で処刑されるなど問題が深刻化してきたこともあり、私は、アルカイダの動きをずっとトレースしていた」。

チュニジアにある国営プロバイダがアルカイダにインターネット環境を提供していることや、接続されたパソコンのユーザ名、使用サーバのＩＰアドレスなども突き止めた。

男は、アルカイダのサーバに新しいコンテンツ（公開処刑を撮影したビデオなど）が上がると、すぐにダウンロードして、ネット上に公開した。それが欧米のオンライン系テロリスト追撃団体の目に留まり、親しく交流するようになった。

「実はイスラム教徒の中で最も普及している言語は英語だ。だからアルカイダをはじめテロリストは英語の掲示板に集まる。英米の無料掲示板にテロ実行の情報や公開処刑ビデオを集中的に上げることもあった。しかしプロバイダはアルカイダなどの利用が判明するとシャットアウトする。そのため彼らの行き場はすぐになくなる。その頃、私は日本で英語版の無料掲示板を運営していたが、次第にアルカイダをはじめテロリスト連中が私の掲示板に集まるようになった」。

男は彼らをシャットアウトせずに、その動静をうかがった。そしてアルカイダが自発的にできた少数グループの寄せ集めであること、爆弾テロなどを行い上層部の信認を高めなければ資金援助を受けられないといった内部のルールを掴んでいった。

「刻一刻と変化する組織の状況が手に取るようにわかった。ＩＳもその頃に立ち上がったが、掲示板では国旗のデザインが悪いとバカにされていた。当時のＩＳは、産声を上げたばかりで、方向性も定まらない新参グループだった。いまのように幅を利かせる気配はまるでなかった」と男は振り返る。

ちなみにアルカイダのメンバーは、無料掲示板を利用させてくれる男のことを「ブラザー」と呼んでいたそうだ。

「おかげで、一時期、アルカイダの仲間だと疑われ、海外の警察から目を付けられる羽目になったが……」と苦笑いを浮かべた。

「君たちメディアにこれだけは言っておきたい」。

男は、にわかに語気を強めた。

私が2020年の東京オリンピック時に想定されるサイバーテロに関する見解を求めたときのことだ。

「なぜサイバーと現実を区別するのか、私には全然わからない。サイバーは現実の延長だ。戦争という意味でも、戦争の一形態としてサイバー戦争がある。そこにはカネが絡み、動機が絡む。最小限の労力で最大限の効果を上げる。そのためにサイバー攻撃がある。サイバーと現実を分けるのはまったくのナンセンス。だいたい『サイバーテロのオリンピック』なんてセキュリティ会社の営業トークに過ぎない」。

確かにこれだけサイバーが浸透した世の中で、サイバーと現実を分けると、かえってサイバー攻撃の本質を見落としてしまうかもしれない。

「今後も、この活動を続けていくつもりですか」。

私が尋ねると、男は小さく頷いた。

「私のやっていることは無駄も多いし、人々から理解されないのかもしれない。しかし、この国では、だれもやっていないことだ。そういう意味では、意義はあると思っている」。

男はこう述べて、ふっと笑った。

「ちなみに次はどこを狙っているんですか」。

「ロシアかな。これオフレコだよ」。

ブラックハッカーの犯罪心理

「話の内容がでかすぎる」「真偽の判別がつかない」。

男と3時間ほど同じ空間を共有した際の率直な印象だ。男の話を聞きながら「眉唾」「虚勢」といった言葉が何度も脳裡をよぎった。しかし、その男に漕ぎつけたルートは、その世界で信用できるとされる筋を辿っている。そういう意味で無碍にもできない。

公安調査庁や内閣情報調査室にもその男を認める者がいる。

実際、男の話の中には正鵠を射ている部分も少なからずあった。例えば内偵に関する考え方。

「やばい連中に接触するときは自分の携帯端末を絶対に所持しない。私の場合、まず端末をオンにしたまま、北海道の知人に郵送する。その知人には、端末を仙台の知人に郵送するよう頼んでおく。仙台の知人は群馬の知人に郵送。群馬の知人には私の自宅に郵送するよう頼んでおく。こうやって居場所をカムフラージュするのがプロの常識だ。しかし日本の関係者はそういったノウハウをまったく持っていない」。

またこんな見解も示した。

「内偵する上で、まずやらなければいけないこと。それはエリート意識を捨てることだ。エリート意識丸出しで高級レストランなどに出入りすれば、すぐに面が割れる。こういうエリート意識を出したがるのは、日本人より中国人が顕著だ。ちなみに韓国人は根本的に内偵に向かない。酒を飲んだ途端に気が緩んで機密情報をべらべらしゃべり出す」。

私たち日本人にとって、いまいちよくわからないのは、イスラム圏から来るサイバー攻撃の動向だ。アルカイダ、ISといわれても、名前を知っている程度でピンと来ない。

日本では「サイバー攻撃＝中国」というイメージがあまりに強いせいもあるが、世界を俯瞰すると、圧倒的にイスラム圏発だ。

この点を確認するため、私は海外の友人にサイバー攻撃の現状を聞いた。

ロンドンの民放テレビ局に勤務する友人は、まさにサイバー攻撃の被害に遭ったばかりだった。彼女の母親が利用するＨｏｔｍａｉｌがハッキングされたのだ。Ｈｏｔｍａｉｌに格納されたメールアドレスがすべて窃取され、それらのメールアドレスに「（彼女の母親を）ギリシャで拉致している。返してほしければ指定の銀行に身代金を振り込め」という内容のメールが送信されたそうだ。これはまったくのデマだが、メールにはアラビア語の文言が記され、アラビア語のホームページへのリンクが貼られていたという。

また、スペインのアンダルシア州にあるアルメリアで高校教師をしている友人は、日常的にサイバー攻撃の被害に遭っているそうだ。学校のホームページがハッキングされ、ホームページの内容が急進的なイスラム教の教えに書き換えられるという被害が多発。彼は「こんなことが何度も繰り返され辟易している」と嘆いていた。

すでに海外では、サイバー攻撃の脅威が一般市民を巻き込んだ形で拡散している。

それはさておき、男の話をどこまで受け入れればいいのか。率直なところ私には判別がつかない。裏取りを試みるも、CIAだ、MI6だ、ICPOだ、スコットランドヤードだとスパイ映画さながらのストーリーが当たり前のように飛び出すのだから手に負えない。

万策尽きて私が向かった先は犯罪心理学者の研究室。心理面からその男の真偽を探るしかなさそうだ。

「サイバー犯罪の調書を読むと、容疑者の発言の壮大さに驚くことがある。〝国家と戦う〟とか〝おれの力でCIAを動かした〟とか。そこに自己顕示欲の強さを読み取ることができる。現実的に個人と大組織が対等に渡り合えるはずはないが、サイバー攻撃によって対等意識を満たせるようになったとも言える。大組織が個人のサイバー攻撃と戦わざるを得ないのも確かで、ICTによって個人が力を持ったと言えなくもないが……」。

法政大学文学部の越智啓太教授はこう述べる。

サイバー攻撃に限らず、この世で起こる犯罪は大きく三つに分けられる。一つは金銭目的。もう一つは憂さ晴らし、嫌がらせ。そして三つ目は、若干理解しにくいところもあるが、「できるからやる」というものだ。

例えば万引き。万引き犯の中には、お金がないからやったという者もいれば、店員の接客が悪いから嫌がらせで行う者もいる。あるいは会社で嫌なことがあったので、万引きで憂さ晴らしをする者もいるだろう。

さらに、「このコンビニの防犯は甘いから万引きしてもばれない」と判断して実行に移す者もいる。

越智教授は「以上三つのすみ分けは、サイバー関連の犯罪にもほぼ当てはまる」と話す。

ブラックハッカーは2種類に区分される。金銭目的と政治目的だ。

金銭目的のブラックハッカーは狙いがはっきりしていて、サイバー攻撃を一つの手段としか見ていない。それゆえ比較的動きが読みやすい。一方、政治目的のブラックハッカー、要するにテロリストだが、こちらは目的があいまいな分、動きが読めない。私が接触した男も掴み所がなく、結局何をしたいのかよく理解できなかった。

この点について越智教授はこう解き明かす。

「いまのテロリストは変質している。左翼過激派などかつてのテロリストは、ともかく国を変えたいという動機があり、そのためにテロ活動もやむを得ないというロジックだった。一方、いまは個人的な憂さ晴らしが先にあり、左翼や右翼の思想をこじつけている面が強い。自己顕示欲を充足させるための理屈として社会問題や国際問題を持ち出しているように見える」。

実は、警察がいま最も恐れているテロリストは、旧来型の過激派組織ではなく、ある日突然覚醒する一般人テロリストだ。要するに自己顕示欲と憂さ晴らしが合体してでき上がった孤高のテロリストである。どこで何をしでかすか予知できないし、鬱勃とした感情が原動力になっているので際限がない。2016年7月に神奈川県相模原市の障害者施設「津久井やまゆり園」で入所者19人を殺害した植松聖容疑者も一般人テロリストと呼べるだろう。

「彼らの動機を探ると意外と単純で〝自分はこんなに優秀で、すごいスキルを持っているのに、社会はそれに対して報いていない〟と思っている者が多い。自己顕示欲と憂さ晴らしに過激思想が結び付くと、本当に恐ろしいことになる。こういう人間が自分のスキルを利用してサイバー攻撃をやるのが、いちばん厄介だ」と越智教授は腕を組む。

聞くところによるとアルカイダにしろ、ＩＳにしろ、組織メンバーは大卒のインテリが占めているそうだ。「優秀なおれに社会は何も与えていない」と彼らが強く思い込んでいる可能性は否めない。

テロリストは社会に対する不満から生まれるといわれるが、越智教授によると、必ずしも社会的不満＝貧困ではないという。

「いちばんの問題は不公平感。例えばいまの教育は、人間としての価値は皆同じだと過度に教え込んでいる。そのような教育を受けた者はおしなべて自尊心が高くなる。ところが、実際の社会は皆同じだと見ないので、より不公平を感じ、自分だけ恵まれていない、社会のせいでこんな目に遭っているという被害者意識を強く持つようになる」。

「サイバー攻撃を撲滅することは可能ですか」。

越智教授にこんな質問をぶつけてみた。

「それは、この世で起こる犯罪を撲滅できるかどうかに関わってくる。サイバー云々というより犯罪全般の問題だ。実際、世の中から犯罪はなくなっていないし、サイバー空間が実生活にどんどん浸透していることを考えれば、サイバー絡みの犯罪が今後も増えていくことに議論の余地はない」。

とくにサイバー攻撃は、ほかの犯罪と比べて手軽だ。ネット詐欺でも巧妙にやれば瞬時に大金が手に入る。ギャンブル性というべきか、娯楽性というべきか、要するに参入障壁が低く、当たれば大きいという意味で、犯罪者にとって魅力的な世界なのだ。

「サイバー攻撃にはもう一つ大きな特徴がある。それは罪悪感が小さくて済むことだ」（越智教授）。

確かにパソコンの前に座って、ボタンを押すだけなので、罪悪感は起こりにくい。

そしていくらでも言い訳ができる。

「興味本位でやっただけ」「こんなことになるとは思わなかった」など紋切り型の言い訳がいくらでも通用してしまうのだ。

「実は、犯罪者にとって、言い訳ができるかどうかというのは非常に重要なポイントだ。たいがいの犯罪者は、犯行前に言い訳を考える。殺人など言い訳を見つけにくい犯罪は、やはりそれなりの覚悟がいる。一方、サイバー攻撃は言い訳が見つけやすいので、心理的に実行しやすく、その分だけ社会に与える危険性が大きい」と越智教授は説明する。

「サイバー攻撃の手法に性差はあるか」という質問もした。

一般的な犯罪では、体力的な制限がかかるものほど性差が大きくなり、そうでないものは性差の境目がなくなる。

越智教授はこの点を踏まえて「顔見せで攻撃行動の実験をすると、男性は直接的な暴力、女性は間接的な暴力を使うが、顔を隠したり、コンピュータを介在させると、男女の特徴差はなくなる。女性が暴力を振るわない原因は反撃を恐れているからで、反撃の恐れが少ない状況において性差は消失する可能性が高い」と解説する。

サイバー攻撃は腕力と無関係なので、そういう意味で女性も参入しやすく、手口も均質化していることから、性差はないと思われる。

ただ、あるブラックハッカーは「男はDDoSなど荒々しい攻撃を好み、女はマルウェアを使ったおしとやかな攻撃を好む」と力説していたのだが……。あれはおそらく彼の主観だったのだろう。

ブラックハッカーは男性中心というのが通説だが、男性になりすました女性ブラックハッカーも相当数存在するはずである。

いまやサイバー関連の犯罪は日本中あちこちで発生している。

越智教授は「サイバー関連の事件が起こりやすい職場、あるいは起こりにくい職場には、ある共通点が見られる」と話す。

起こりにくい職場はオフィス内が整頓されて、見通しがよく、プライバシを過度に確保していない。また上司が部下の仕事ぶりをきちんと把握していることもポイントになる。

「これを〝管理性と監視性〟と呼ぶが、犯罪は〝管理性と監視性〟のない職場で起きがちだ。システム破壊や情報漏えいのあった職場は、管理性と監視性のどちらか、あるいは両方が欠けている。一目見てわかるのは、何といってもオフィスが汚い」と越智教授は言及する。

オフィスが汚いというのは、物理的にごみが落ちているとか、いたずら書きがしてあるとか、書類が放置されているということだ。

犯罪者は悪さがばれることを極度に恐れるので、何をやったかすぐにわかる整頓されたオフィスでは悪さをしたがらない。

最後に、もう一つだけ質問した。

「サイバー攻撃を実践するテロリスト連中の精神は異常なのか」。

越智教授は言う。

「サイバーに限らず最近の大事件は首謀者は自己顕示欲が肥大化したことで起こっている。しかし彼らは精神障害者ではない。精神障害者は突発的で大事件は起こせない。テロリストの精神は正常だと思われる」。

状況を変えたいなら元を断て

掴めそうで掴めないブラックハッカーの正体に、残尿感に似たもどかしさを覚えて、性懲りもなくまたぞろブラックハッカーに接触した。

彼は開口一番、「だれでも手軽にサイバー攻撃ができる状況を変えたいのなら、元を断てということだ」といった。

オンラインバンキングの不正送金について尋ねたときだ。

おそらく国民にとって最も身近で恐ろしいサイバー攻撃が不正送金だが、若干、誤解されている向きもある。不正送金は銀行のシステムが脆弱だから発生するのではない。利用者側の脆弱性が突かれているのであって、銀行を一方的に非難するのはお門違いだ。

ちなみに日本の銀行システムの堅牢性はかなりのもので、利用者のお金を預かる勘定系システムは名うてのブラックハッカーでも破るのが困難だといわれている。

一方、オンラインバンキングのシステムは利用者の簡便性を考慮し、オープンシステムが基本だ。

オープンな分だけ隙も出やすい。利用者は何はともあれＩＤ・パスワードを盗まれないよう注意するしかない。

「いまやサイバー攻撃はだれでも簡単にできる。まずはこの点を認識したほうがいい」。彼はそう述べて、２０１５年11月に起きた事件を遡上に載せた。

警視庁は札幌に住む中学2年の少年を逮捕した。少年は不正送金に利用されるマルウェア「ゼウス（Ｚｅｕｓ）」を所持し、販売していた。

オンラインバンキングでは、利用者が銀行のホームページにＩＤ・パスワードを入力し、やり取りするが、ゼウスは、正しいログイン画面から偽物の画面をつくり、利用者の端末画面に偽物を表示し、利用者にＩＤ・パスワードを入力させ、盗み取り、不正送金を行う。たいがいは、スパムメールでゼウスに感染させる。スパムメールを送り付ける手法として、ガンブラーと呼ばれる攻撃を駆使することが多い。

ガンブラーとはウェブ改ざんやウェブサイトを閲覧するだけで感染するマルウェアを組み合わせた攻撃手法である。

「ゼウスはロシアでつくられたマルウェア。大元はゼットボット（Ｚｂｏｔ）で、それを加工したのがゼウスだ。ゼウスをガンブラーで相手に送り付けることなど技術を知らない中学生でもできる。いま、このやり口を盛んに使っているのが中国人だ」と彼は話す。
ゼットボットはいまもハッカーコミュニティやブラックマーケットで簡単にダウンロードできる状態だ。

「これをお見せしよう」。

彼はそう言ってマルウェアのリストを机に置いた。2000年頃からハッカーコミュニティで流通しているもので、いまも頻繁にバージョンアップされているという。

そのリストの中に「Youko・Shiraki」という女性の名前のようなマルウェアがあった。

彼によると、昔からあるマルウェアで、ゼウス同様にID・パスワードを抜き取ることができるという。Youko・Shirakiを表立って入手するのは無理だが、ある裏サイトに入れば無料でダウンロードができる。素人にはわりと人気があるマルウェアだそうだ。これをベースに中高生がいたずら半分にサイバー攻撃を仕掛けているという。

ある裏サイトは日本のサーバに置かれている。もちろんひっきりなしにサーバを変えているが、野放し状態であることに変わりない。かつてこういった裏サイトが日本にも数多く存在した。セキュリティ研究が目的であれば大目に見られていたのだ。ただ2000年に施行された不正アクセス禁止法を契機に、その手の裏サイトは軒並み閉鎖に追い込まれた。しかし、しぶとく生き残っているものもある。

「だれでも手軽にサイバー攻撃ができる状況を変えたいのなら、元を断たなければならない。しかしその元がネットワーク上のあちこちに残っている。要するに当局のセキュリティに対する考え方があまりに甘いのだ」と彼は語気を強めた。

それからしばらく経ったある日のこと、一本の電話が入った。例のブラックハッカーだ。

「われわれの仲間が逮捕された。容疑は他人のＩＤ・パスワードを使って家電製品を購入したというものだ。ビックカメラのポイントを他人のスマホから抜き取り、それで家電製品を購入したらしい」。

私のスマートフォンが鳴ったのは、容疑者逮捕から1時間後のことだ（警視庁の発表では２０１６年3月15日11時過ぎに逮捕）。やけに周到だ。ブラックハッカーの情報網が高度に整備されていることに疑う余地はない。

それはさておき、この事件は新聞・テレビでも大々的に報道されたが、逮捕されたのは中国籍の住居不定、無職、張偉（28）。容疑は不正アクセス禁止法違反だ。

「張は、錦糸町に活動拠点を置くチャイナマフィアだ」。

彼は電話の向こうで声を潜めた。

警視庁の発表では、数十万円分のプリペイドを購入したとのことだが、実際は60万円を超えるレベルだそうだ。

彼によると、ビックカメラポイントだけでなく、Tポイントや楽天ポイントなど複数のID・パスワードが漏えいしており、しかも正規の利用者がネット通販で買い物をすると、加算されたポイント情報まで裏ルートで出回っているという。

その中でもビックカメラポイントのID・パスワードはかなり漏えいしており、少額商品で換金して、こづかいにする輩も少なくない。

「張はビックカメラポイントだけでなく、ヨドバシカメラポイント、楽天ポイント、TポイントのID・パスワードも持っているが、ビックカメラポイントで足がついたようだ」と彼は話す。

iPhoneが狙われている

私はこの事件で、かつて聞いた二つの話を思い出した。

「いま狙い目はスマホだ。これからスマホ絡みの事件が起きる」と、そのブラックハッカーは何度も口にしていた。

そして彼は「これからおもしろくなるのはポイントカードだ。これは、ちまちました小遣い稼ぎだが、おもしろい」と述べ、事細かに手の内を明かした。しかし、そのときの私はいまいち飲み込めず、発言をメモに書き留めただけで、放置していた。恥ずかしながら、いまごろになって、事の重大さに気付いた次第である。

そのとき彼は、声を強めてこうも述べた。

「ブラックハッカーが悪いと非難するのは勝手だが、表向きまっとうなサービスを提供している企業でも、裏では、えぐいことをやってるよ」。

そう言われればそうなのだ。2016年5月から7月にかけて、マイクロソフトがウィンドウズ10の普及を促そうと、アップグレード開始日時を自動的に決めて通知し、利用者が拒否しない場合、再度通知を出した上で、アップグレードを行うようにしたところ、利用者の間で「強制的に更新された」「勝手なことをされた」との苦情が相次ぎ、同社は対応に追われた。アップグレード手続きの進め方が不透明だったことと、通知がわかりにくかったことがおもな原因であり、同社に悪意はないのだろうが、技術的な手法だけ見れば、名うてのブラックハッカーが実践するサイバー攻撃と同じである。

ちなみに、そのときの彼は、〝えぐい一例〟としてバイドゥの日本語入力アプリ「Si

me.j.i」を挙げていた。同アプリについてはユーザが入力したログを無断でバイドゥのサーバに送信しているという騒動が2013年に発生。同社は不具合だと釈明し修正版をリリースしたが、彼によると、いまでもバックドアが付いていて情報が漏れているという。

さらに彼はバイドゥのアンドロイド用SDK「Moplus」も指弾した。

「グーグルやマイクロソフトのアプリケーションを使っても情報は漏れるけれど、バイドゥの場合、入力した情報がすべて漏れる。端末のOS、製品番号、さらにID・パスワードなどすべてだ。問題なのは漏れた情報の送り先を指定できるようになっていることで、例えば、ぼくがアプリケーションをつくって、送り先サーバのアドレスを指定すれば、黙っていても入力情報、端末情報、ID・パスワードなどを取得できてしまう。これは典型的なC&C攻撃（※8）だ」。

そして、いまクラウド上の情報が野放図に抜き取られ、スマートフォンに照準を定めたハッキングが急増している。

「とくにiOS端末が狙い撃ちされている」。

彼はそう言って、iOS用ハッキングツールのデモを始めた。裏の世界では「シャドウ」「ボーダー」と呼ばれているそうだ。

iPhone端末は人気があり、闇市場でも高値で取り引きされる。そのため同端末を盗んで転売を試みる不届きな連中が後を絶たない。一方、モバイル端末にはネットワーク利用制限機能があり、端末の固有番号、例えばＩＣＣＩＤ（ＳＩＭカードに付与された固有の番号）やＩＭＥＩ（モバイル端末に付与される識別番号）などによって、正規品か盗難品か識別することができる。

とは言っても、ＩＣＣＩＤやＩＭＥＩの番号を改ざんすれば盗難品も正規品としてカムフラージュできてしまう。

ｉＰｈｏｎｅを転売する際、買取店は顧客の手でｉＰｈｏｎｅを探す機能（どこかに置き忘れても見つけられる機能。ｉＣｌｏｕｄにログインするか、専用アプリを利用する）をオフにさせる。なぜならｉＣｌｏｕｄなどにログインするにはメールアドレスの入力が必要なので、あえてログインさせることで本人の持ち物かどうかを確認するのだ。

「しかし、ボーダーなどのｉＯＳ用ハッキングツールでｉＣｌｏｕｄに入り込み、メールアドレスをはじめ各種データを盗んでしまえば簡単になりすませる。こうやって盗んだｉＰｈｏｎｅを売って儲けている連中は少なくない」と彼は話す。

ちなみに最近はグーグルのＩＤ・パスワードを盗むツールも出回っているそうだ。

彼はあるデモを見せるため、おもむろにＵＳＢを取り出した。

「マルウェアを持ち歩くときは必ずUSBだ。隔離しておかないと自分のパソコンに感染してしまう」といってニヤリとした。

そのデモとは不正送金に用いるニセの銀行ログイン画面をつくるというものだ。

「ここではGbot（※9）を使う。これを使うと自動的に相手のサーバにつながり、自分のところにデータが送られてくる」と彼は要領よくパソコンを操っていたが、突如、手を止めた。

「やばっ、ウイルスが入ってきた」。

「大丈夫ですか」、私が覗き込むと、彼は「すぐ取る。これがウイルスだ」、そう言って、あるアプリケーションをアンインストールした。

「よくウイルスが入ってきたことがわかりましたね」。

「パソコンの挙動ですぐにわかるよ。変な動きをしたらプログラムをチェックしてウイルスを消す。これが基本だね。こんなふうにいまは簡単にウイルスが入り込む。しかも最近のマルウェアは、マルチウェアといって、ウイルス対策ソフトでも認識できないものが多い。これが怖い」。

そう言って、彼はあっという間に自力でマルウェアを駆除し、何事もなかったかのようにデモを再開した。

「これがプログラム。簡単にいうと、ここにプッシュという機能があって、プログラムをインストールして開くと自動的にマルウェアを送ることができる。ここに電話番号があるでしょ。これは××銀行のものだよ。要するに××銀行の情報がこっちに来るようになっているわけ」。

彼は淡々とデモの説明を続けたが、私のほうは、マルウェアの侵入を瞬時に感知し、害虫でも追い払うようにたやすく駆除した手腕に脱帽し、説明の内容がほとんど頭に入らなかった。

マイナンバーを抜き取るなんて簡単だ

警視庁は2016年4月1日、「サイバーセキュリティ対策本部」を新設した。2020年に開催される東京オリンピック・パラリンピックを踏まえて、サイバー攻撃に精通した専門捜査員の育成や民間のセキュリティ事業者との連携を強化。サイバー攻撃に対する捜査能力の向上を目指すとしている。

一方、攻撃を仕掛けるブラックハッカーのほうは「当局の対応はいつも足が遅い」と歯牙にかけない様子だ。

彼がせせら笑うのもむべなるかなだ。例えば2016年3月、代理サーバ（プロキシサーバ）から1800万人分の個人情報（会員ID・パスワード）が盗み取られるという事件が発生したが、実はこれは2014年に逮捕された代理サーバ運営事業者（大光とSUNテクノ）が所有していたサーバに残されていたもので、逮捕されてから、すでに1年以上が経過している。

代理サーバは、サイバー攻撃を仕掛ける中継器であり、ブラックハッカーにとって必要不可欠なツールだ。その代理サーバは日本国内に数多く存在し、とくに中国人が経営する代理サーバは都内に集中。日本に住む中国人はもちろん、中国本土に住む中国人のアクセスポイントとして利用されている。2014年に摘発されたのは池袋と上野、そして埼玉県戸田市の3カ所だった。たったの3カ所と表現していいだろう。

彼は口角泡を飛ばしてまくし立てる。

「それらは中国人の中国本土への不正送金に利用されて摘発されたものだが、実際には、日本国内の通販サイトやオンラインショップから個人情報を抜き取るために利用されている。ほとんどのケースが偶発的に発見されて摘発されただけだ。しかも摘発から報道発表までタイムラグがあるので、抜き取られた個人情報はすでに拡散しており、連中はそれらのIDやパスワードを濫用してネットショッピングで商品を購入し、換金してしまっている。

奴らはそうやって資金を調達する」。

　１８００万人分の個人情報といわれても、あまりに膨大過ぎて、すぐにはピンと来ないけれど、とてつもなく大量かつ重要な情報が盗まれ、それらが悪用されている事実を重く受け止めなければならない。

　確かに代理サーバによる犯罪の危険性は以前会ったブラックハッカーも指摘していた。

「マスコミはいつまで経っても事件が起きないと騒がない。でも、日ごろから気を付けておかないと、これからもっとひどい犯罪が起きるんだがね」。

　彼は余裕の表情を浮かべて私を諭した。いくら噛んで含めるように説明しても目が覚めない私のていたらくを嘲笑しているようだった。


「マイナンバー制度が始まりましたが、マイナンバーもターゲットになりますか」

　私が聞くと「カネになるならね」と彼は間髪を入れず回答し、現状の見立てを語り始めた。

「市役所なり区役所なりマイナンバーを管理する組織が完全クローズなネットワークを構築しているなら侵入は難しいが、どうやらインターネット接続を考えて一部オープンになっている。それなら侵入してマイナンバーを抜き取るのは簡単だ。要するに侵入経路が確実にあるわけだから、これではセキュリティにならない。だいたい制度が動いてからセキュリティを講じるなんてあまりにずさんだ」。

そして彼は言う。

「何度も繰り返すが、セキュリティに対する根本的な考え方が甘い。まず、オープンなネットワークを使うこと自体、サイバー攻撃を仕掛けてくださいと手招きしているようなものので、入口を閉じない限りセキュリティは強化されない。いくら高機能なファイアウォールやセキュリティソフトを導入しても侵入する術はいくらでもある。低コストだからオープンなネットワークを使うというが、場合によってはネットワークを閉じたほうが安上がりになる。二重化された防衛省のシステムは堅牢で、われわれでも侵入は難しい。あれが正解だと思う」。

最後に嫌味まで吐いた。

「ここで紹介したサイバー攻撃の事例やハッキングの手法など、われわれからすれば、ごく当たり前のものばかりだが、一般的には実感がないのだなと君と話しているとよくわかる」。

人種のまったく異なる2種類のブラックハッカー

〝曲りなりに〟という枕詞付きではあるが、2種類のブラックハッカーと対面することができた。すなわち金銭目的と、いわゆる政治目的だ。

例えば、一口にICTを担う技術者といっても、そこにはさまざまな特徴がある。ソフト開発に従事するプログラマと設備工事に従事するエンジニアでは見た目の風貌から仕事に対する考え方までまったく異なる。両者とも必要不可欠な存在であるが、そこには一線を画する独特の臭いがある。

ブラックハッカーにも独特の臭いがあった。

金銭目的のブラックハッカーは理論がシンプルでビジネスライクだ。目的達成のためにICTをツールとして駆使し、必要とあらば同業者と連携し組織として動く。

守る側からすれば、彼らの動きは比較的読みやすい。

サイバー攻撃が儲からないとなれば、彼らは何の躊躇もなくサイバー攻撃から足を洗うだろう。そうであるなら、対策のベクトルは明瞭で「サイバー攻撃はお金にならない」というエコサイクルを社会の中に構築することだ。そうなれば金銭目的のブラックハッカーはほとんどいなくなる。まあ、ICTがこれだけ生活に浸透していることを鑑みると、言うは易く行うは難しではあるが……。

一方、政治目的のブラックハッカー。彼らの動きを読み解くのはひどく難儀する。私が接触した男に、サイバー攻撃でカネ儲けをしたことがあるかと聞くと、被りを振ってこう言った。

「世の中で騒がれているほど、サイバー攻撃でカネ儲けはできない。サイバー攻撃でカネを稼いでいる奴は、私の周囲にほとんどいない」。

この話を耳にしたとき、金銭目的のブラックハッカーと政治目的のブラックハッカーは、まったくの別人種だということがはっきりした。

世俗にまみれた私には、政治目的のブラックハッカーが何をモチベーションにしているのかわからず、不気味であり、神秘的ですらあった。

それゆえ犯罪心理学者にヒントを求め、モチベーションは「自己顕示欲」と「憂さ晴らし」というところにとりあえず落ち着いたわけだが、どこか腑に落ちなかった。実に不思議な存在である。

政治目的のブラックハッカーは目的が曖昧な分、行動に際限がなく厄介だ。しかも正義の行動と信じきっている節さえある。だから怖い。

余談になるが、彼の恐ろしさを示す事例を一つ挙げたい。会う約束をした彼が待ち合わせ場所として指定したのは、新宿の先にある喫茶店だったが、実はそこは私の自宅があるエリアで、しかもその喫茶店は私の行きつけだった。おそらく私の素性を下調べして、そのことを暗に示すために、あえてその喫茶店を面会場所に選んだのではないか。

※1　DoS攻撃
標的とするウェブサイトに対して一時的に大量のトラヒック（アクセス）を送り付け、ウェブサイトが表示されないようにしたり、表示されるまで長時間かかるようにするサイバー攻撃。一種の嫌がらせ行為で、企業のウェブサイトにＤｏＳ攻撃を仕掛けて「やめてほしければ金銭を払え」と要求するブラックハッカーもいる。

※2　マルウェア
コンピュータウイルスのこと。悪意のあるソフトウェアやソースコードの総称で、一般的にパソコンやスマートフォンなどのコンピュータに侵入しては不正を働く。

※3　プロキシサーバ
代理サーバとも呼ばれる。利用者のパソコンに代わってウェブサイトにアクセスするサーバのことで、一度アクセスしたウェブサイトのキャッシュがプロキシサーバ側に残ると、その後、利用者がアクセスする際、すばやくウェブサイトが表示されるといった効果がある。多くのインターネットサービス事業者が、顧客満足度向上の観点からプロキシサーバを設置している。

※4　DDoS攻撃

ＤｏＳ攻撃（※1参照）の一種だが、ブラックハッカーが不特定多数のコンピュータを乗っ取り、それらのコンピューターから一斉に、対象のウェブサイトへトラヒックを送り付ける攻撃を指す。乗っ取られた不特定多数のコンピュータのことを「踏み台」と呼ぶこともある。

※5　フォートラン
プログラミング言語。１９５０年代後半にＩＢＭによって開発された。

※6　コボル
事務処理用に開発されたプログラミング言語。メインフレームで多用されている。メインフレーム事業が全盛期を過ぎるとともにコボルを理解するプログラマは減少している。

※7　インテリジェンス
諜報活動のこと。諜報機関としては米ＣＩＡや英ＭＩ6などが有名。

※8　C&Cサーバ
外部から侵入して乗っ取ったコンピュータを利用したサイバー攻撃で、踏み台のコンピュータを遠隔から制御したり命令を出す役割を担うサーバのこと。

※9　Gbot
攻撃者がシステムなどに不正アクセスを行うために使用するリモートアクセスツール。電子メールの添付ファイルを通じて感染させられることが多い。ちなみにＢｏｔとは、コンピュータを外部から遠隔操作するためのバックドア型マルウェア。感染すると、Ｂｏｔネットワークを構成し、攻撃者がＣ＆Ｃサーバから複数のＢｏｔ感染環境を遠隔操作できる仕組みをつくる。

第2章

ホワイトハッカー

あまりにも低いサイバー・リテラシ

サイバー攻撃による全世界の損失は年間約59兆円。米戦略国際問題研究所（ＣＳＩＳ）がこんな推計を公表したのが２０１４年。知的財産が大きな役割を果たしている所得水準の高い国ほどサイバー攻撃の標的になりやすいそうだ。例えばドイツの被害規模はＧＤＰ比で１・６％に当たる。日本は０・０２％と見かけ上の数字を真に受けるなら、まだましと言えそうだが、単にほかの先進国に比べてＩＣＴ利活用が遅れているだけという見方もできる。

周知の通り、現状は不正送金ウイルスの猛威が凄まじく、個人情報を盗み取り、不正アクセス、不正送金を行う事例が多発。警察も頭を痛めているが、被害者の中には極めてリテラシの低い人がいるという。

「とくに感じるのは、ウイルス対策ソフトを使っていないユーザが驚くほど多いことだ」と警察関係者は話す。

ウイルス対策ソフトをインストールしていれば、被害に遭わずに済んだ事件も少なくないそうだ。そのため警察では、コンピュータ端末にウイルス対策ソフトを入れて、最新の状態に保つことをつねに呼びかけている。

ウイルス対策ソフトの利用は、その効用が限定的であったとしても、常識中の常識だと個人的には考えていたが、二の句が継げないほどサイバー攻撃に疎い日本人が相当数いるのは間違いなさそうだ。

「パソコンからスマートフォンに利用デバイスが変化している点もユーザの平均リテラシを下げている」。

こう語るのはサイバーディフェンス研究所専務理事・上級分析官の名和利男氏だ。

いまはシニアのスマートフォン利用者も増えているが、アプリをダウンロードした途端マルウェアに感染したという事例は枚挙にいとまがない。ターゲット広告などウェブサイトを閲覧しただけでマルウェアに感染して個人情報を盗まれる事例も増えている。マルウェア感染の確率は従来の数倍に拡大しているといえそうだ。

利用者の平均リテラシが下がる中で、サイバー攻撃に対する環境も脆弱になっている。これが現在だ。

「ブラックハッカーにとって相対的に攻撃が仕掛けやすくなっている。そこには二つの要素がある。一つは防御側の平均リテラシがどんどん下がっていること。もう一つは攻撃側の能力がどんどん上がっていることだ」と名和氏は話す。

サイバー攻撃が激化する背景として金銭目的のほか貧富の差の拡大や、政治的主張などがあるというのはすでに見てきた通りだ。

一方、別の視点を示す専門家もいる。ラック専務理事最高技術責任者の西本逸郎氏は「インターネットの黎明期は1995年頃といわれるが、インターネットが社会で受け入れられるようになったのは2005年以降で、実際に一般の人々がインターネットを本格的に活用するようになったのはスマートフォンが一般化した2010年以降だ。そういう意味で、いまはまだ黎明期で、本格的なサイバー攻撃もここ数年の話でしかなく、人々の意識が低くても、しょうがないところがある」と話す。

ちなみに2005年以前のサイバー攻撃は愉快犯が圧倒的に多く、金銭を目的にしたものはほとんどない。金銭目的や国家が背後にいると見られるサイバー攻撃が目立つようになるのは2008年以降で、ちょうどその頃、英国の金融機関が規制緩和を実施し、銀行決済24時間化に踏み切った。スマートフォンで簡単に個人間決済が可能になるなどサービス向上に伴い活性化。その一方で英国の金融機関を狙ったサイバー攻撃が激増した。

日本政府は成長戦略として銀行決済24時間化を進めており、導入時期は2020年前になる公算だ。東京オリンピック・パラリンピック開催とあいまって、荒れ狂ったサイバー攻撃が押し寄せることになるだろう。

サイバー攻撃のこれまでのパターンから推察するに、今後は家電が標的になる。米国ではすでに家電を標的にしたサイバー攻撃が発生。さらに電気自動車やスマートメータなどIPアドレスが付与されるデバイスが増えることから、格好のターゲットになる。

現在は電気やガス、水道といった社会の重要インフラでICTがどんどん活用されるようになっている。ところが、そういった現場では、いまでもセルラーが普通に動いているという。

ある現場の担当者は「インターネットに触れていないので問題ない」と素っ気ないが、出入りの業者は平気な顔でCD—ROMを現場に持ち込み、PDFファイルをパソコンに入れている。それらは業者がインターネットやメールをし放題のパソコンで作成したものだ。ファイルにマルウェアが仕組まれていないことをどうやって証明するのか。

しかし現場担当者は「いや、ウイルス対策ソフトを回しているから大丈夫だ」と澄まし顔だ。

言うまでもなく、ウイルス対策ソフトの検知率は完璧ではない。むしろ新手のマルウェアに対する検知率は限りなくゼロに近い。

そういうことを知らない現場担当者が少なくない。

「サイバー攻撃に対する意識が全然追いついていない企業・団体はいくらでもある」と名

和氏は腕を組む。

余談めくが、日本の重要施設には、意外なほど多くの外国人が働いている。彼らは清掃業や飲食業に従事していたりする。

このような状況は、日本に限らず先進国では当たり前だが、ほとんどの先進国はスパイ活動やテロ行為に細心の注意を払い、重要施設に出入りするすべての従業員のバックグランドをチェックしている。

こういったチェックを軽視しているのが日本であり、いわば制度の不備が問題を拡大させかねない状況にある。

「外国人だからといって、チェックを厳しくするのは人道的ではない」という見方もあるだろう。しかしグローバル社会では、スパイもテロも外国人によるものが圧倒的に多く、厳格なチェックをしないのは、単に怠慢で、むしろ非人道的だとも言える。これがグローバル社会の現実だ。

「日本人のサイバー攻撃に対する意識は世界的にかなり遅れている。それは事実だが、そこには、〝よくも悪くも〟という両方の意味が含まれている」と名和氏は述べる。

なぜなら、これまで日本が大きなサイバー攻撃を受けてこなかった証拠であり、誇れることでもあるからだ。サイバー攻撃を知らない人にサイバー攻撃を警戒しろというのは無理な話である。

では、なぜ日本は大きなサイバー攻撃を受けずに済んだのか。

一つは、日本のシステム品質が高く、ブラックハッカーにとってハードルになっていたからだ。

二つ目は、携帯電話や家電をはじめ独自仕様のものが多く、それでいて国内人口が1億人以上もおり、エコサイクルが潤滑に機能していたので、グローバルを意識する必要がなかったことが大きい。

しかしそんなエコサイクルも徐々にほころび始めている。人口は減少し、日本企業のグローバル化が加速。これまでのエコサイクルは早晩すべてグローバル仕様になるだろう。以上の点を踏まえ、名和氏は「日本を狙ったサイバー攻撃がこれまで以上に激化するのは論をまたない」と言及する。

ところで、オンラインバンキングによる不正送金をはじめ、海外で暗躍したサイバー攻撃が数年後に日本に飛び火して猛威を振るうケースが多い。なぜ時間も距離も関係ないはずのサイバー空間において、時間差が生じるのか。

この点についてカスペルスキー情報セキュリティラボチーフセキュリティエヴァンゲリストの前田典彦氏は「おそらく言語バリアだろう」と指摘する。

というのも、とくに金銭目的のサイバー攻撃は、まず相手を欺いて信じ込ませるところから始まる。その取っ掛かりはたいがいメールだが、奇異な日本語で書かれたメールは、受信者も警戒して信用しない。

日本語は特殊なので、とくに海外のブラックハッカーにとってハードルが高く、自然な日本語でメールを送れるようになるまでに時間がかかるのかもしれない。


それはさておき、あるセキュリティ技術者がこんな話を聞かせてくれた。

「企業が大きなサイバー攻撃の被害に遭うと、われわれが緊急対応に駆け付ける。ところが、その対価は緊急対応費ではなく、講演料という形で受け取ることがある。講演など一つもしていないのに、現場責任者は緊急対応の技術者を外部から呼んだことを上層部に知られたくないので、講演料という形でごまかしているのだろう」。

なるほど、こういうふうにして、サイバー攻撃の実態が伏せられていくわけだ。実は組織の情報システム部門が、独自に判断して、サイバー攻撃をなかったことにしてしまうケースは多く、サイバー攻撃に遭った事実すら知らずにいる経営層も少なくない。

そのセキュリティ技術者は「現在はサイバー攻撃の報道も増えているが、実際の現場には、いまメディアで流れている100倍以上の具体的な事例がある。現場の最前線の技術者は非常に大きな課題認識を持っているが、その事実を公にするとクビになってしまうかもしれない。だから口をつぐむ。ブラックハッカーも日本企業の体質を知っているので、隠ぺい体質の強い企業を繰り返し標的にする傾向がある。なぜなら攻撃がばれないし、ばれても捕まるリスクが低いからだ」と話す。

実際、サイバー攻撃に遭った事実を公表しない組織に対して、攻撃手法を変えながら延々と仕掛け続けるブラックハッカーもいる。

ブラックハッカーも人間である。攻めにくい組織をあえて狙いはしないだろう。やはり攻めやすいところから攻めるのだ。

そしていまの日本はブラックハッカーにとって攻めやすく見えるのかもしれない。

もちろん公にしにくいのはわかる。とくに企業にとっては百害あって一利なしの面も否めない。下手に公表すると株価に影響を与えるし、仮に犯人が逮捕されたとしても、窃取された情報が返ってくるわけでも、サイバー攻撃から解放されるわけでもない。

だから、沈黙を選択するわけだが、そうするとサイバー攻撃に対する抑止力が働かず、攻撃は一層激化する。

まさに負のスパイラルだ。

「サイバー攻撃を受けた事実を公表するほうがメリットを享受できるという環境を構築す

ることも、一つの対策といえる」と前田氏は語る。

サイバー攻撃の地域的特色

サイバー攻撃といっても、その手法は千差万別で、地域的な特色が見られる。例えば、ロシア・東欧からの攻撃は、アイデアが巧妙で優れた技術力を生かしたものが多い。「一度感染するとマルウェアがうまく隠れるという技術を駆使したり、セキュリティソフトが発見しても駆除できないようにしたり、多彩な技術がてんこ盛りだ」（シマンテックジャパンセキュリティレスポンスマネージャの浜田譲治氏）。

一方、アジアからの攻撃は比較的単純だという。マルウェアもすぐに発見できるし、駆除も簡単だそうだ。

浜田氏は「アジア系の攻撃は、マルウェアに技術力を注ぐというよりは、大量生産であちこちにばらまき、だれかが餌食になるのを待つという雰囲気だ。技術力は、東欧系と比べて桁違いに低い」と説明する。

ちなみに日本国内のマルウェアもレベルが低いとの認識だ。ほとんど遊びでやっているレベルであることから、日本には愉快犯が多いと分析している。

ところで米国はどうか。いまのところ米国発の標的型攻撃は、表沙汰になっていない。浜田氏も「どうなっているのか、わからない」としている。

ここからは私の勝手な仮説だが、ＩＴ先進国の米国に何もないというのも逆に不自然だ。だれも気付かないほど巧妙な攻撃を仕掛けているのではないかと勘繰りたくなる。

実は世界には出所は不明だが、超絶的な技術力を盛り込んだマルウェアがある。その代表例が「スタックスネット（※1）」だ。

「（スタックスネットは）技術の粋を集めたマルウェア。あんなすごいものは永遠に出てこない可能性がある」と浜田氏も舌を巻く。相当な資金力を持つ組織が開発したことは明らかだ。というのもイランの核施設を標的にした際、ゼロデイ攻撃（※2）で、複数の未知の脆弱性を突いた。未知の脆弱性を複数見つけるだけでも、莫大な時間とコストがかかる。さらに、施設のシステム制御の仕組みを事前に把握できていた。そういった超が付くほどの機密情報は、そんじょそこらのブラックハッカーでは入手できない。

ちなみにスタックスネットほどではないが、最近はそれに準ずる攻撃も増えている。

２０１３年３月に韓国の銀行や放送局を狙い撃ちしたサイバー攻撃もその一つといえる。巷間、北朝鮮の仕業だといわれているが、定かではない。ただ愉快犯とは考えにくいので、政治絡みと捉えるのが妥当だ。

周知の通り、日本への攻撃は中国経由のものが多い。ただ、それが中国政府や中国人の仕業なのか、はっきりと確認することはできない。

ＩＰアドレスやソースコード、フォントなどに中国の要素がたくさん入っているのは事実だが、意図的にそういう要素を入れている可能性もある。ただ一つ言えることは、中国の要素が入っているマルウェアはほとんどが低レベルということだ。

私はあるブラックハッカーにこんな質問をしたことがある。

「日本のブラックハッカーは愉快犯レベルで、たいしたことないという専門家もいますね」。するとを彼は「ケッ」と不敵な笑みを浮かべ「それだけ巧妙にやっているからじゃないかな」とうそぶき、「嘘だと思うなら」とその場でノートパソコンを立ち上げ、あっという間に某金融機関のシステムに入り込んでみせた。

興味深いのは、専門家の間で、日本のセキュリティ技術、あるいはセキュリティ意識に対する見解が分かれていることだ。

ある専門家は日本のセキュリティ技術は低いと指摘するが、別の専門家は比較的に高いと指摘する。セキュリティ意識も同様に低いと指摘する専門家もいれば、比較的高いと指摘する専門家がいる。

こういうところにサイバー攻撃、あるいはセキュリティをテーマにすることの難しさが如実に現れる。私のような門外漢からすると、何をどう捉えればいいのか途方に暮れてしまう。それでも取材を通してわかってきたことは、日本のセキュリティサービス、つまり各種技術を組み合わせてサイバー攻撃などを防御する能力は世界レベルで見ても高い部類に入るということだ。しかし、各種技術、要するにセキュリティ製品の研究開発については、欧米依存が強く、とくに米国と比較すると周回遅れにある。

一般ユーザからすると「サービスが良質なら、まあいいじゃないか」となってしまうが、有事で他国の技術があてにならなくなった場合、国産技術がないと、まったく手も足も出ない。そしてブラックハッカーというのは、そういった弱点を容赦なく突いてくる。

そういう観点でいっても研究開発の遅れは大きな課題だ。後述するが、一方でFFRIのように研究開発を主軸にグローバルに打って出る日本企業も登場している。そうした動きを活発化させる施策が今後さらに重要になるだろう。

日本のサイバーセキュリティ

「サイバー攻撃を仕掛けるハッカーは10年前に比べれば相当進化しているが、今後も進化していくかはわからない。確かに現在は攻撃者に有利な状況だが、この先、防御側が優位に立つかもしれない。そういう意味でサイバー攻撃は決して果てしのない世界ではない。必ずどちらかに傾く。守る側に優位に傾けば攻撃するメリットはなくなりサイバー攻撃は廃れていく」。

こう語るのはネットエージェントの杉浦隆幸会長だ。

杉浦会長は日本を代表するトップガンの一人である。

その杉浦会長が言う。

「〝サイバー攻撃に遭うのは、しかたのないことなので、防御を固めていくことに専念する〟という風潮が強くなっているが、それはサイバー攻撃の何たるかを知らず、ブラックハッカーを過大評価しているからだ」。

サイバー攻撃は、実はちょっと止めることができれば、すべて止まってしまうものなのだという。サイバー攻撃を仕掛けるブラックハッカーの側にも実はさまざまな制限がかかるので、一定の条件が整わないと成功しない。数万回に一度しか成功しない攻撃もざらにある。

標的型攻撃のように、数万回仕掛けて数回成功すれば御の字と考えているブラックハッカーもいるので、必ずしも確率論でさばくわけにはいかないが、サイバー攻撃を百発百中で成功させている強者は皆無に近い。

なぜわれわれはブラックハッカーを過大評価してしまうのか。それはサイバー攻撃の手法を知らないからだ。

拳銃の撃ち方を知らない人は、拳銃から身を守る方法を知り得ない。だから拳銃を過剰に怖がる。

「仮想環境の中で、実際にサイバー攻撃を仕掛けてみると、いろいろなことがわかってくる。この攻撃を展開するのはコストがかかるとか、この攻撃は10年後には弱くなるだろうとか。いずれにせよ、セキュリティを強化するには攻撃手法を研究して、きちんと蓄える仕組みが必要だ。いまの日本にはそれがない」と杉浦会長は話す。また、サイバー攻撃の基本は情報戦なので後手に回る取り組みでは意味がないことも強調する。

ネットエージェントではセキュリティ人材の育成の際、必ず攻撃手法を勉強させている。

〝サイバー攻撃を防御するのに必要なのは攻撃手法を知ることであり、優れたセキュリティ技術者になるには、まず攻撃手法を知らなければならない〟というのが同社のモットーだ。

「守るための技術ばかり磨いていれば、結局セキュリティは弱くなる。どんな攻撃が来るのか予測する力が付かないので、すべての攻撃に対応してしまうからだ。そうすると、コストがかかりすぎて、実質的な防御ができなくなる。一方、攻撃に精通すれば、効率的な防御もわかってくる」(杉浦会長)。

〝日本のセキュリティは弱い〟との認識を持つ専門家も少なくないが、この点について杉浦会長は明確に否定する。

「実はそんなに弱くない。中国や韓国と比べれば、はるかに強い。利用者のサイバー攻撃に対する意識も世界的に見れば高い。世界と比べてみると、おしなべて日本のセキュリティは優れている」。

日本の場合、セキュリティサービスが優れているといわれている。一方、セキュリティ製品については米国が圧倒的に優れており、日本は周回遅れの状態にあるとされている。この辺を混濁すると、強いと弱いがごちゃ混ぜになり、門外漢には何が何だか訳がわからなくなる。

ちなみに、世界的にセキュリティが優れているのは圧倒的に米国だ。サイバー関連のテロや犯罪のリスクが高いこともあり、セキュリティ意識がいやが上にも強まるからだろう。実際、セキュリティ投資も多く、日本の2・5倍くらいあるといわれている。政府の助成で、セキュリティ技術者の活躍の場を確保しており、優れた技術者が育ちやすい環境を整備している点も特徴だ。

杉浦会長は「日本のセキュリティが比較的堅牢なのは事実だが、攻撃手法を知らないため、的外れなセキュリティ対策を打っている場面も目に付く。本当にセキュリティを強くするのであれば、トップレベルの人材を増やす必要があるが、とりもなおさず活躍する場がないと始まらない」と述べる。

最近のサイバー攻撃は、狙われる対象が広くなっており、〇〇協会といった外郭団体など中小組織にも触手が伸びている。そのため同社では、中小規模組織向けのネットワーク監視ソリューション「PBH：QPC」を展開。パケットキャプチャによる通信内容解析と暗号化通信の可視化を行う機能を月額5万円程度で提供するなど中小組織が導入しやすいソリューションとなっている。

また最近のトレンドとして、スマートフォンに照準を定めたサイバー攻撃が増えている点を強調した。この辺の認識は、ブラックハッカーと一致している。

杉浦会長は「中国経由の攻撃が激しいのは事実だが、中国から日本を狙った攻撃は比較的少なくなっている。中国では、攻撃対象が変わってきている。現状は中国国内の反乱分子を狙った攻撃が旺盛だ」との見解を示す。

中国は確実に国を挙げてサイバー攻撃を推進しているが、現状の中国の攻撃は国内向けと海外向けの二つのベクトルが走っている様子だ。

日本政府は、セキュリティ技術者を増強する方針を打ち出しているが、この点について杉浦会長は「セキュリティ技術者が足りないと言われているが、それは専門的な資格を持っている人材が少ないというだけで、実際は不足しているわけではない。現実問題として、むしろ増えすぎるほうが厄介だ。過度な人材育成には賛成しかねる」と話す。

需要と供給のバランスを考慮せずに人材だけを増やすと、逆に優秀な人材が育たなくなるというのだ。

2001年から2003年にかけてもセキュリティ人材の不足が指摘され、人材を増やした結果、飽和状態に陥り、過当競争が発現。セキュリティ事業そのものが回らなくなり、優秀な技術者が行き場をなくすケースが見られた。先に登場したブラックハッカーもこの憂き目に遭った一人である。

「確かに日本にはトップガンと呼ばれる極上のセキュリティ技術者は少ない。だからといって資格保有者を増やすというのは、これまでの経験則から言って非常にまずい施策だ。それによって高いレベルの技術者が活躍しにくくなる」（杉浦会長）。

そもそもサイバーセキュリティの世界は移り変わりが極めて早い。資格を持っているからといって、つねに最新動向に対応できるわけではない。

セキュリティ技術者を増やしても、最新動向に対応できない技術力不足の人材が溢れ返るようでは本末転倒である。

杉浦会長は「実際は足りないといわれているくらいがちょうどいい。だいたい技術者は少ないから増やすという類のものではないし、増やしても職場がなければ意味がない。まずはセキュリティサービスをビジネスにしていかないと、セキュリティ技術は継続的に発展していかない」と述べる。

現在は「セキュリティ人材が足りない」「サイバー攻撃対策が喫緊の課題だ」と声高に叫ばれているが、「利益を生まないセキュリティにお金をかけたくない」というのが組織の本音で、いまも昔もセキュリティサービスは、ビジネスとして成立しにくい状態だ。

〝このような状況で技術者を増やせば過当競争が激化するだけで、セキュリティ産業が内部崩壊してしまう〟。

そんな懸念を抱く専門家も少なくない。

先に記したように、日本のセキュリティサービスは優れているが、セキュリティ製品は周回遅れの状態である。

なぜか。答えは明快だ。サービスのほうが儲かるからだ。セキュリティ製品はセキュリティサービスに比べると実入りが少なく、その結果、海外製品が市場を席巻している。このような状況を問題視する向きもあり、公的機関が国産メーカをもっと積極的に後押しするべきだという声も小さくない。ただ、日本で製品を開発する企業が育たないのは風土的な背景もあるので一朝一夕にはいかないだろう。そもそも日本のＩＴ産業の仕組みが〝人月いくら〟という人材を売るビジネスモデルなので、どうしてもサービスのほうが儲かるため製品開発に軸足を向けにくい。

そのような中、研究開発を主軸に純国産のセキュリティ製品を販売する希有な企業もある。ＦＦＲＩはその代表格だ。標的型攻撃対策製品である「ＦＦＲ ｙａｒａｉ」は国内での実績が高く、同社ではその実績を糧に北米をはじめとしたグローバル展開を図っている。

鵜飼裕司社長の現状認識はこうだ。

「当社はこの数年間、国内で研究開発をして製品を提供しているが、競合はすべて海外企業で、国内からはいまだにライバルが出てこない。ここに日本の問題点が集約される。確かに自ら研究開発をして製品を提供することはリスクを伴うが、一方で、研究開発はビジネス的に最もレバレッジが利き、うまくいくとしっかりした利益を出せる。利益を出せるので、新しい研究開発にも着手でき、好循環が生まれる。そういう意味でもリスクを恐れて研究開発に手を出さないのは大きな課題だ」。

こういった課題は、日本のＩＴ産業全般にあてはまり、基礎技術はだいたい海外企業に頼っている。これでは国際的な産業競争力も高まらない。

鵜飼社長によると、日本は、サイバー攻撃を防御するための総合戦闘力がとくに弱く、これはいざというとき大変な問題になると警鐘を鳴らす。

「かつて私が米国企業に勤めていたとき、日本でサイバー攻撃に関するある脅威が発生した。しかし、日本には基礎技術がないのでどうにもできない。私の勤めていた会社にはその脅威に対抗する技術があったので、〝何とか助けられないか〞と提案したが、〝日本の市場は米国の10分の1しかないので無理だ〞とすげなく断られた。このとき、何かあったときのためにも自分たちで対処できる技術を持たなければならないと痛感した」。

しかし、自活的に研究開発をして軌道に乗る日本発のベンチャー企業はなかなか現れない。

鵜飼社長は、この点について「コアテクノロジの研究開発を主体にした企業は基本的に技術者が起業する。私も技術者なので技術者の気持ちはわかるが、まず起業して陥るのは楽観論だ。つまり、いいものをつくれば売れるとか、ビジネスを理解しないまま起業するケースが多く、結局、キャッシュがなくなって倒産してしまう。一方、米国には、スタートアップ企業を軌道に乗せて成長させていくスキームが整備されている。例えば投資家やメンターが、事業を成功させるノウハウを経営者や技術者に伝授する仕組みが確立されている。日米で見られるこの差は非常に大きい」と話す。

一方、研究開発能力において、日米の差はほとんどないという。

実際、ＦＦＲＩの製品は北米でも実績を上げ始めており、とくにエンドポイントの標的型攻撃対策でその技術力が評価されている。

客観的に言っても、日本の技術力は高い。あとはその技術力をどうやって世の中にアピールし、ビジネスにしていくかだけだ。

「確かに日本には、シーズがたくさんある。実はシーズがあるということが重要で、ほかの国々はシーズがなくて悩んでいる。日本はそこをクリアしているので、ビジネス面のノウハウを磨きさえすれば、米国よりも高品質な製品を開発できる可能性は高い。当社が一つの成功事例になれればという思いもある」と鵜飼社長は述べる。

同社は研究開発の一環としてサイバー攻撃の動向分析にも力点を置く。短期的な視点と中長期的な視点で、サイバー攻撃を注視しているのが特徴で、短期的な部分では、オンラインバンキング取引を狙ったサイバー攻撃、モバイルデバイスを狙った攻撃、そして標的型攻撃への対策技術とその普及に注力する。それでは、中長期的にはどのようなサイバー攻撃が問題になってくるのだろうか。

「ＩｏＴ（※３）の発展により社会インフラをはじめ、さまざまなものがインターネットでつながっていく。そのとき、社会インフラをどう守ればいいのか。今後はこの領域が非常に重視される。社会システム全体に影響を及ぼしかねないサイバー攻撃にどう対抗していくべきか、当社としても注力しているところだ」と鵜飼社長は言及する。

すでに海外では社会インフラを狙ったサイバー攻撃が散見されるが、日本においても、いつ起きてもおかしくない状況だ。

これまでのサイバーセキュリティは、新手の攻撃が出現し、問題になると対策を打つという具合に、いつでも後手に回っていた。このようなサイクルを繰り返している限り、適切な対策が打てない。

「場当たり的な対策では、投資の最適化を図ることができない。将来の脅威を予見した上で適切な戦略をつくり、対策を打てればよいが、いまのままでは適切に投資をしていくということが非常に難しい」（鵜飼社長）。

さらに問題なのは、近年のサイバー攻撃は、その実行が比較的簡単になってきているということだ。質の高いツールやマニュアルが整備され、流通しているため、だれでも簡単にサイバー攻撃ができてしまうのだ。この辺の話も以前、ブラックハッカーから聞いた。

その一方で、高度なサイバー攻撃も拡大傾向にある。

「一昔前は稚拙なサイバー攻撃ばかりだったので、対策技術の開発は容易だったが、現在はマルウェア分析一つとってもかなり難しくなっている」と鵜飼社長は話す。

サイバー攻撃の世界は、攻める側と守る側が紙一重のところにいる。

いまは守る側の技術者の能力が高いので、何とかセキュリティを確保できていると考えるのが妥当かもしれない。

何かの拍子に、攻撃側の質と量が増大すれば、目も当てられない悪夢が繰り広げられる。残念ながら、そんな時代が、そろそろ到来しそうな気配である。

制御システムへのサイバー攻撃

「Indsutry4・0」はドイツやアメリカが推進する施策で、産業分野に焦点を当ててインターネットを利用して現場の情報をリアルタイムに分析・活用することで「第4次産業革命」を目指すものだ。一方、サイバー攻撃の脅威の高まりからクラウドと生産現場を安全に接続することが大きな課題の一つになっている。

IoTの普及が期待される中、工場や電力プラントに限らず、社会インフラ全体にICTが組み込まれていく。ここにIoTの本質的な革新がある。そのような中でサイバー攻撃を野放図に許すとどうなるか。社会インフラの停止、暴走、破壊などの懸念ががぜん真実味を帯びてくる。ＩＣＴ・情報システムの問題とされてきたサイバー攻撃が国民の死活問題に関わる社会全体の脅威としてせり上がってくるわけだ。

「今後、産業用機械のリモートメンテナンスなどでサイバー攻撃の問題が深刻化する」。

こう語るのは日本コンベヤ常勤監査役の竹上端一氏だ。

竹上氏は制御システムの設計技師だが、数年前から制御システムを狙ったサイバー攻撃について研究。そのきっかけは２０１０年、イランの核施設を標的にしたマルウェア「スタックスネット」の出現だった。

「サイバー攻撃は、情報システム側の問題として片づけられていたが、制御システムでも起こり得ることがわかり、大変なショックを受けた」と当時を振り返る。

制御システムのイーサネット（※４）は通常のプロトコル（※５）と異なり、インターネットとは分離され、いわば閉ざされた世界とされてきた。しかしスタックスネットはＰＬＣ（プログラマブルロジックコントローラ。リレー回路の代替的制御装置）を直撃。つまりウィンドウズ系システムから流れ込んできたマルウェアでＰＬＣを改造するという、これまでとは次元が異なる前代未聞の攻撃だったのだ。

竹上氏は「現状の制御システムネットワークでこれを防ぐのは無理だ。サイバー攻撃でシステムが止められる可能性があることを前提に設計を考え直す必要がある」と話す。

とくに危ぶまれるのは、制御監視画面では正常なのに実際のシステムが異常な動きをすることだ。制御監視画面では機械が停止していることになっているのに、実際は動いていたというのがいちばん怖い。

竹上氏はこんな経験を語る。

「それは単なる故障だったが、PLCの出力がすべてオンになったことがある。つまり機械がめちゃくちゃに動いてしまった。プログラムでは止まっていることになっているのに素子の故障で止まらなくなった。非常停止も利かなかった」。

サイバー攻撃を駆使すれば、同様のトラブルを意図的に起こすこともできると見られる。

またスマートメータも心配の種だという。

「とくに心配なのは、各変電所で行う電力需要バランスをとるための送電網のスイッチング。これがネットワークにすべてつながるとスマートグリッドである電力網全体の状況がわかるため、課金するときなど非常に便利ではあるが、スマートグリッドプラットフォームに対してサイバー攻撃を仕掛けやすくもなる。電力会社は電力需要バランスを取るために送電網のスイッチングを常時行っているが、サイバー攻撃によりこの関連機器の制御システムが機能停止した場合、最悪、ほとんどの社会インフラシステムが動かなくなり、社会的な混乱の結果、甚大な被害が出る」と竹上氏は腕を組む。

スマートフォンの脅威

「サイバー空間が企業セキュリティの重大な脅威になっていることを肌身で感じている」。

こう話すのは弁護士法人エルティ総合法律事務所所長の藤谷護人弁護士だ。

第1にスマートフォンの問題に頭を悩ませているという。企業にとって従来のセキュリティ対策が通用しない構造的な問題が三点ある。ただそのことに企業が気付いていない。

一つ目は従来の企業からの情報漏えいは企業の管理するサーバ内にある情報資産の漏えいであり、そのサーバに対するリスク分析とリスクコントロールを行うことによってセキュリティを確保してきた。しかしスマートフォンによる情報漏えいは社員が自ら所有し、プロバイダ契約しているので、企業の直接的な管理権限が及ばず、従来のリスクコントロールの要とされてきたアクセスコントロールなども適用の術がない。

また、従来のリスクコントロールは二本柱からなっている。一つは予防策であり、もう一つは抑制策だ。予防策というのは客観的にコントロールして防壁をつくること。防壁に穴があると、ここから脅威が飛び込んできて組織内の情報資産が侵害されるため、この穴を縮められれば、脅威が飛び込んでくる確率は減る。だから予防策は客観的な脆弱性を客観的な方法で狭める対策となる。

それに対して抑制策は、内部関係者に心理的な抑圧をかける対策だ。前述した通り、情報漏えいの7割以上が内部要因なので、内部関係者に「情報を漏えいするとクビになるぞ」といった抑圧をかけることでリスクを減らすわけだ。

「二本柱のうち、客観的な予防策がまず講じられるべき。主観的な抑制策は予防策の車の両輪的に補完する位置づけだ。なぜなら主観的抑制策だけでは、客観的かつ継続的なリスク管理策の効果は期待できない。その半面で、アクセス権限を与えられている社員に対しては、心理的抑制策が最後の砦となるからだ」と藤谷弁護士は語る。

ところが、スマートフォンには、客観的防止策がそもそも適用できない。社員個人の所有物を個人がどう使おうと、企業は客観的にコントロールする方法を何一つ持たないからだ。

予防策が利かないとなると、抑制策を最大限に発揮するしかない。つまり雇用契約を補完し、法律的にはその一部と評価されている「就業規則」をスマートフォンによる企業セキュリティの構造的変化に対応させるしかない。具体的には「ソーシャルメディアポリシー」を就業規則のさらなる補完と位置付けて、もしソーシャルメディアポリシーに違反した場合は、就業規則違反で「懲戒」の対象になるということを全社員に周知する必要がある。

しかし、ほとんどの企業はソーシャルメディアポリシーをつくっても、就業規則・雇用契約との関係などに思いが及んでいない。

さらに、スマートフォンによるセキュリティリスクは情報漏えいだけではない。不適切発言によって、企業が社会的信用を低下させる事案も同じくらいの割合で発生しており、「個人のデバイスなので、情報管理部門が管轄するものではない」という第一の問題のほかに、「情報漏えいばかりではなく個人の行動の問題なのだから、総務部門か人事部門か、しかし、どちらも電子機器のことはわからないといって、企業の中で所管部門を決められないという意味でのセキュリティ問題も引き起こしている」と藤谷弁護士は話す。

サイバー攻撃に対して、法律的な抑止力が有効に機能していない。こんな状況を一日でも放置することは、法治国家としてあり得ないとの危機感を抱く法曹関係者も少なくない。

民事的には、サイバー攻撃を受けて企業に損害が発生すれば民法第709条に基づく損害賠償請求権が発生するが、攻撃者がどこのだれかを特定できなければ、裁判を起こすことすらできない。絵に描いた餅の損害賠償請求権など攻撃者にとって何も怖くはない。刑事的には、情報窃盗罪が定められていないことが問題だ。有体物の財産的価値よりも情報の財産的価値が格段に大きい企業にとって、社会における財産的秩序を支えてくれるはずの刑法による刑罰が「情報窃盗」に及ばないというのは、いかがなものか。刑罰は、人権に対する大きな脅威であり、罪刑法定主義は極めて大切なことだが、刑法が国民生活の安全を守れないという事態は、克服されなければならない。情報窃盗罪の代わりに、不正アクセス禁止法による刑罰が定められているが、標的型サイバー攻撃に対して、この法律による刑事捜査が有効に機能し、犯人が逮捕され、刑罰を受けたという話はほとんど聞かない。

この意味からも「サイバーセキュリティ基本法」が2013年10月に成立したことは評価できる。この法律の第17条で「国は、サイバーセキュリティに関する犯罪の取締り及びその被害の拡大の防止のために必要な措置を講ずるものとする」と規定された。2020年の東京オリンピックまで、あと4年しかない（本書初版刊行現在）。法律の機能である社会に対する事前の抑止力を発揮させて、サイバー攻撃に対する耐性を備えた安全な国にしていくには、決して十分な時間とは言えない。

藤谷弁護士は「サイバー攻撃との関係では、インターネットの基本的仕組みをリアル社会における法的規制がシームレスに及ぶように、バーチャルトレーサビリティを確保したものに改めるなど抜本的な検討・推進が不可欠なのではないか」と提言する。

匿名性の明快なネットワークでサイバー攻撃は激減する!?

インターネットの大きな特長。それは高い匿名性が確保されていることだ。その匿名性ゆえ各人の自由な発想が結合し、大きなエコサイクルを形成するに至った。

だが、ここに来て厄介な問題が持ち上がってきた。実はそのエコサイクルにはマルウェアをはじめとした悪意に満ちた発想も含まれるようになり、それがサイバー攻撃という形で、インターネットのみならず社会全体を揺るがす脅威になってきたのだ。

「インターネットの匿名性をなくし、すべてを明快にすれば、だれがマルウェアを送ったのかもわかるので、サイバー攻撃はすぐに止められる。問題はその明快さをどうやって確保するかだ。本当に匿名性をなくせばいいのかというと、発展の芽を削ぐところもあるので、それはそれでよろしくない」。

こう話すのは、セキュリティ技術に詳しい東京大学名誉教授で現在は東京電機大学の学長を務める安田浩氏だ。

安田学長は現在、「匿名性の明快なネットワーク」の構築に向けて、各種プロジェクトを走らせている。

匿名性の明快なネットワークにより、正規の利用者は被害を受けることがなくなり、サイバー攻撃のほとんどが脅威でなくなるという。

「2020年までに稼働させたい。そのためには、この数年で実現させないと間に合わない」と安田学長は話す。

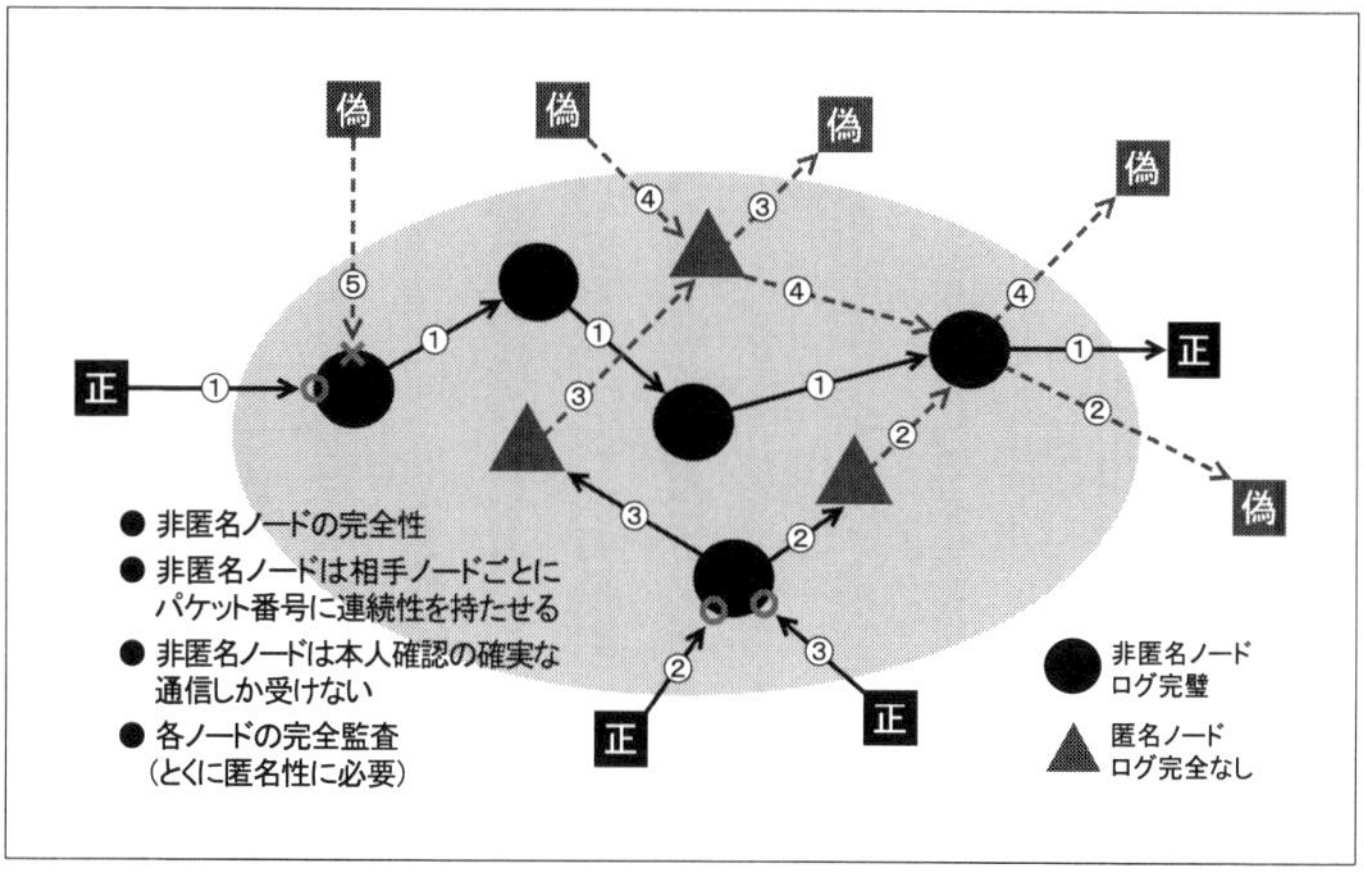

匿名性の明快なネットワークとは具体的にどんなものなのか。

先述したようにサイバー攻撃が繁茂するいちばん大きな理由は、インターネットの匿名性の高さにある。一方、旧来の電話網は一定の匿名性を担保しつつ、なりすましなどができない仕組みになっていた。

電話交換機は、「呼」をパスするだけなので、発信者が見えた。この番号からあの番号へ行くということを厳格に保証していたので、だれから電話がかかってきたのがわかり、なりすましも起こりにくかった。一方、インターネットはコンピュータで制御され、「呼」をいったんサーバに蓄積して送り出す。すると、だれが何かを発信したのかわからなくなる。

「ここにインターネットの最も大きな問題があ

る」と安田学長は指摘する。

この問題を解決するには、Aが送り出したものが必ず相手Bに届くことを保証し、その途中にあるサーバの完全性を確保することだ。つまりそのサーバが、Aが送り出したものを通過させたということを保証することだ。要するに非匿名ノードの完全性を実現するわけだ。

「非匿名ノードは相手ノードごとにパケット番号に連続性を持たせること」「非匿名ノードは本人認証の確実な通信しか受けないこと」「各ノードの完全監査」といったルールをつくることで、送られてきたデータが正規のノードを通ってきたものか、あるいは得体の知れないノードを通ってきたものか、きちんと判別できるようになり、正規（悪意のない良識ある利用者）の端末に対してマルウェアを送り付けるなどのサイバー攻撃がしにくくなる。これにより、より安心なインターネット環境が可能になる。

安田学長は「ここでの大きなポイントは、通信が確実に伝わるというノードの完全性。そして、監査がきちんとできるということだ」と述べる。

ノードの完全性を実現するソフトはすでに開発され実証段階に入っている。このソフトを使うことで、監査のやり方も見えてくるという。

監査の技術は非常に重要だ。というより、インターネット上でこれほど莫大なお金が動くようになっているにも関わらず、それをだれも監査してこなかったいままでがおかしかったとも言える。

「匿名性の明快なネットワークは、通信キャリア主導で導入するのが妥当だ。というのも確実に制御しなければならないし、監査を受けて保証する必要があるからだ。一方、監査の部分は通信キャリアをはじめ、セキュリティ会社も担えるし、あるいはセキュリティ監査士のよう資格制度をつくってもいいのではないか」と安田学長は話す。

※1　**スタックスネット**
2010年にイランを中心とする中東各地域で発見された標的型攻撃を行うマルウェア。イランの原子力施設の制御システムをダウンさせたことで有名になった。物理的な機器破損・稼動停止を引き起こした初めてのマルウェアともいわれており、サイバーセキュリティ業界に衝撃を与えた。ウィンドウズの未知の脆弱性を複数利用しており、コードの分量が一般的なマルウェアの数十倍に及ぶなど、複雑・高度な技術によって開発されている点もこれまでにない特徴だ。

※2　ゼロデイ攻撃

パソコンなどの未知の脆弱性を突いたサイバー攻撃のこと。脆弱性が発見されて修正プログラムが提供される日より前にその脆弱性を突くことから、ゼロデイ攻撃と呼ばれるようになった。

※3　IoT

Internet of Thingsの略。「モノのインターネット」などと訳される。パソコンやスマートフォンといった通信機器だけでなく、さまざまなモノをインターネットにつなげられるようにする仕組みのこと。IoTにより多様なサービスが創出され、生活やビジネスの発展につながるとされている。

※4　イーサネット

通信ネットワークの規格。オフィスや家庭で使用されているLAN（ローカルエリアネットワーク）において最も普及している規格。

※5　プロトコル

通信ネットワークを制御する規約・手順のこと。

第3章

政府の見解

NISCの対応

2020年の東京オリンピック・パラリンピックは、波状的なサイバー攻撃に見舞われることになる。政府・自治体はどう対応するつもりなのか。また東京オリンピック・パラリンピックのゴールドスポンサーであり、オリンピック・パラリンピックにおけるネットワークやセキュリティを担当するNTTは、どのような手法で荒れ狂うサイバー攻撃を凌ごうとしているのか。本章および次章で、各者の見解、取り組みをまとめた。

「(サイバー攻撃の)リスクはどんどん高まっている。とくに、われわれが気にしているのはリスクが拡散していることだ。いままでは情報システムだけ監視していればよかったが、スマートフォンの普及率が5割を超え、身近なところでスパコン級のコンピュータが世界とつながるようになった。そういう意味で、かつてのICTとは状況が異なってきている。さらにスマートカーの進展など、サイバー攻撃のターゲットになる新技術が増加している」。

こう語るのは、内閣官房情報セキュリティセンター（NISC：現・内閣サイバーセキュリティセンター）の三角育生内閣参事官だ。

サイバー攻撃の標的となり得る新技術がここ数年で伸張しているのは確かで、その象徴的な存在がＩｏＴである。例えばスマートメータは２０２０年度には相当の普及が見込まれている。

実際、ＩＣＴ化が進んだ米国や韓国では断続的に被害を受けている。日本も対岸の火事ではいられない。

２０１３年3月に韓国の放送局や金融機関が蒙った大規模なサイバー攻撃で使用されたマルウェアは、実は同時期に日本にも存在していた。米国や韓国に限らず、グローバルで発生したサイバー攻撃は、つねに日本でも起こり得る。

ちなみにダボス会議の事務局を務めるＷＥＦの報告書には、グローバルリスクのトップ5にサイバー攻撃が入っている。

サイバー攻撃が激化する中、気になるのは２０２０年の東京オリンピック・パラリンピックだ。２０１２年のロンドンオリンピックでは、開催期間中に約2億１２００万回の攻撃があったという。

２０２０年には、ＩｏＴの進展によってＩＣＴが従来以上に社会インフラの中枢に組み込まれるようになる。要するにそれだけサイバー攻撃の標的が増大し、死守しなければならない領域が広くなるということだ。それと同時にネットワークを流通する情報量も加速度的に増える。ロンドンオリンピック以上のサイバー攻撃が押し寄せてくるのは必至だ。

世界が直面するグローバルリスク　～一層深刻な状況へ～

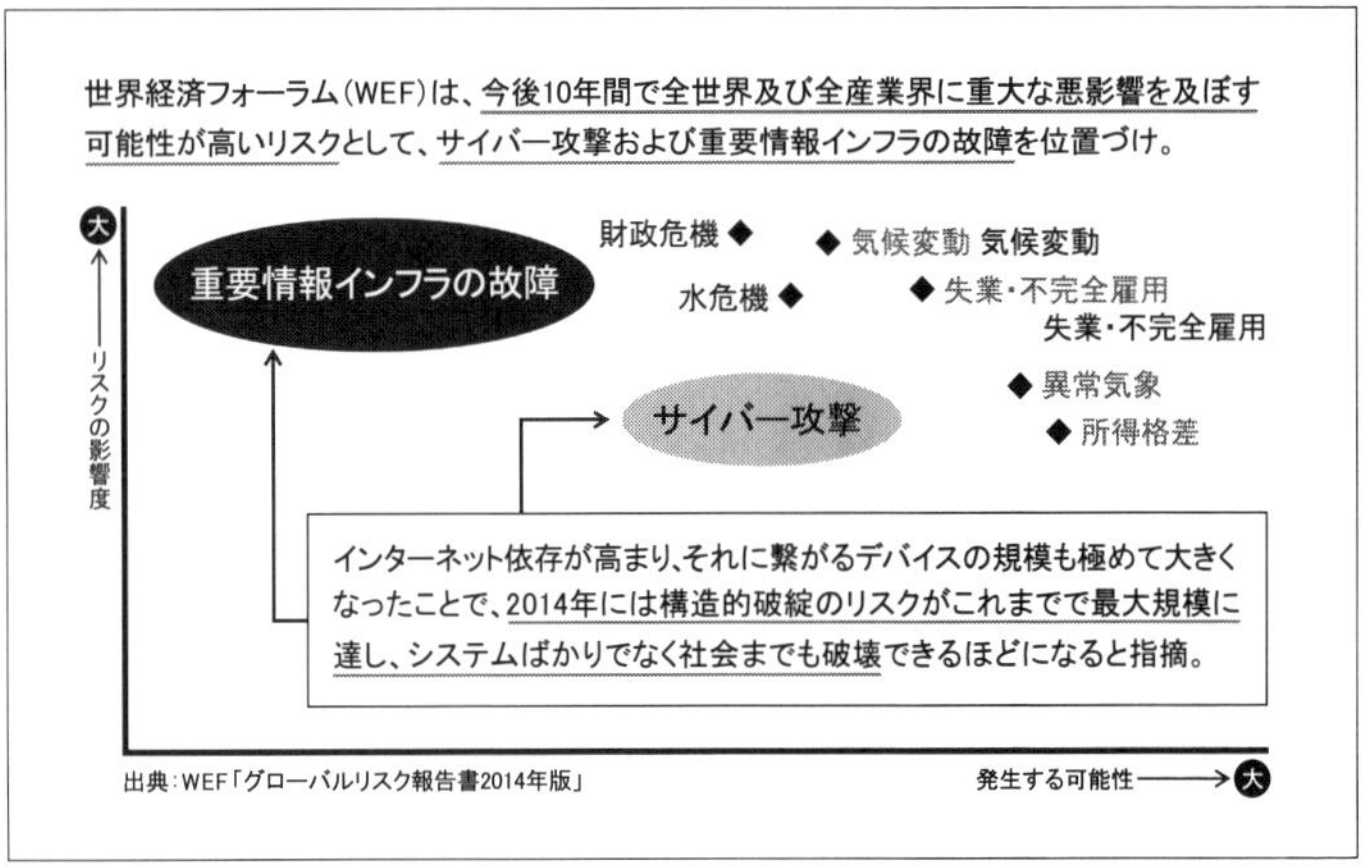

出典：WEF「グローバルリスク報告書2014年版」

「これまで想定していなかったサイバー攻撃もあるはずだ。その対策は政府主導でやらないといけない。司令塔の機能を強化していく」と三角氏は話す。

政府の試算では、セキュリティ人材は現状26・5万人。しかし、そのうちの16万人が技量不足とされており、人材の数も8万人ほど足りないといわれている。こういった課題の解決も検討しているところだ。

一方、政府も肥大化するサイバー攻撃を完全に撲滅するのは無理だと認識。被害の極小化に力点を置いた対策をより重視するようになっている。

防衛省の堅固なシステム

「防衛省のシステムは侵入が難しい」。

ブラックハッカーが異口同音に示す認識だ。彼らが舌を巻くシステムとはどのようなものか。

「防衛省の場合、ネットワークがオープン系とクローズ系に分かれており、クローズ系は外部とつながっていない。またオープン系も出入り口は一つしかない。さらに、その一つの出入り口を24時間365日体制で監視している。それでも万が一トラブルが発生すれば、即座に対処する体制を構築している」。

同省運用企画局情報通信・研究課はこう説明する。

クローズ系ネットワークは、約5年に一度更改している。クローズ系だから安全だと油断してプログラムの脆弱性を放置すれば、ブラックハッカーはその隙を容赦なくついてくる。クローズ系であっても細心の注意が必要だ。

サイバー攻撃を大きな問題と捉える同省では、まず自分たちの通信システムを守ることを重視。自衛隊の活動は通信が命綱であり、通信システムを守ることが国家の安全を守る活動を担保することにもなる。

その一環として、サイバー防衛隊を2014年3月に発足。サイバー攻撃対策の専門部隊で、自衛隊指揮通信システム隊の下部組織になる。

「今後はサイバー防衛隊を強力に推進し、サイバー攻撃に関する情報収集や防護訓練、研究、技術支援などを一本化する」（同省運用企画局情報通信・研究課）としている。

ちなみに自衛隊指揮通信システム隊の主な任務は防衛情報通信基盤（DII）の管理だ。

また情報収集装置を整備し、サイバー攻撃の分析や、ネットワークのルートで障害が起きたときに迅速に経路を変更する「リルーティング」の研究などを進めている。米国など同盟国との人材交流、情報交換にも注力。近年は民間企業との連携にも力点を置く。

「防衛省にとって防衛産業は生命線。防衛産業がやられてしまうと、オペレーションができなくなる。防衛産業を守るために、まずは情報交換から始めて、順次それぞれの対処能力を強化していく」と同省運用企画局情報通信・研究課は述べる。

サイバー空間があらゆる活動の場となる中、サイバー攻撃対策は日本の安全保障を万全にする観点からも不可欠だ。防衛省がサイバー攻撃対策に傾注するのは当然のことだが、その一方で戸惑いもあるようだ。一つはサイバー攻撃の定義自体が曖昧で、どういう場面で自衛隊の出番になるのか単純化できないことだ。サイバー攻撃にさらされた民間施設を自衛隊が守るというのは、法解釈の面からも難しい。

「サイバーの世界とリアルの世界は大きく異なる。リアルの世界で攻め込んでくる軍隊に対抗できるのは自衛隊しかいないし、法的にも軍事的にも整合性がある。しかしサイバーの世界では、民間企業が攻撃を受けたとしても、それに対抗したり復旧したりする能力は自衛隊ではなく、民間事業者が持っている。そこに自衛隊が出張るというのは効率的ではない。そうなると自衛隊は何ができるのか。サイバーとリアルをパラレルに考えることはできない」（同省運用企画局情報通信・研究課）。

そういう観点から、現状は足元を固めて、サイバー攻撃によって自衛隊の活動が止まらないようにすることにベクトルを定めている。

警察のサイバー攻撃対策

警察庁では、とくに国家の安全保障の観点から重大な影響を及ぼすものをサイバー攻撃と定義している。

その対象には、政府機関や防衛産業だけでなく、電力やガス、通信など国民生活にとっても、社会経済活動にとっても重大な影響を及ぼしうる基盤的なサービスが含まれる。

また現状は機密情報を狙ったサイバー攻撃の対策にも力を入れている。

「われわれは、サイバーインテリジェンスと呼んでいるが、わかりやすくいうとサイバースパイ。政府機関や防衛産業、先端技術を有する事業者が持つ機密情報を狙った行為だ。国家の存立に関わることもあり、こうしたサイバー攻撃に関する対策にも注力している」（警察庁警備局警備企画課の山本貴之技官）。

一方、ブラックハッカーの特定には難儀しているという。

サイバー攻撃の規模感や関連性などから、高度なスキルを持つ一定規模の組織によって敢行されていることは確かだが、その組織を特定するまでには至っていない。

とくに国家の安全保障に関わるサイバー攻撃は、ほとんどが海外から来ており、その特定には、いくつものハードルが立ちはだかっている。

このような状況の中、2020年の東京オリンピック・パラリンピックを迎えるわけだが、警察では「2020年には、インターネット上の技術も様変わりしているだろうし、サイバー攻撃の手法も進化しているだろう」と認識。「オリンピックに対する攻撃が、どういう目的なのか、その目的から考えることが大事であり、何のために攻撃をするのか、そのための手法は何かという順番で捉えていこうとしている」(山本氏)。

一般的に、大きなイベントに対するテロ行為、サイバー攻撃は、二つの目的に分けられる。一つはイベントそのものを妨害したいというもの。もう一つは世間の耳目が集まっているイベント会場やその周辺で騒ぎを起こすことで自己の主張などを敷衍するというものだ。

「サイバー攻撃対策を打つ上で、万遍なくカバーすることは、リソースの観点からも無理がある。そのため重要度に応じて、対策のレベルを分けていくという戦略が肝要だ。東京オリンピック・パラリンピックに特化した対策というのではなく、常日頃から行っている対策の延長線上に東京オリンピック・パラリンピックがあると考えている」と山本氏は話す。

一方、警視庁では、同庁公安総務課に「警視庁サイバー攻撃特別捜査隊」を設置。民間有識者などからサイバー攻撃関連情報を収集・分析するとともに、サイバーテロ対策協議会やサイバーインテリジェンス情報共有ネットワークなどの枠組みを利用して、民間事業者などに対して個別訪問や情報提供といった管理者対策を推進している。

東京オリンピック・パラリンピックに向けて、東京都や関連団体、インフラ事業者との連携を強化しており、サイバー攻撃対策セミナーの開催や、サイバー攻撃の発生を想定した共同訓練を継続的に実施していく方針だ。

第4章

NTTグループの取り組み

ＮＴＴグループのサイバー防衛

「（セキュリティの世界は）サッカーのペナルティキックに似ている。攻撃側が圧倒的に有利だ。そうなると、得点されたときにどうするかという発想で対策を考えないといけない。要するにセキュリティを破られたときに、いかに最小限に食い止めるか。この考え方は、災害対策でいうところの防災と減災の関係とも通底する。防災も重要だが、災害はどうしても起きてしまうので、減災も防災と同等に重要になる」。

ＮＴＴの小林充佳常務は現状のセキュリティ状況について、こう述べる。

ＮＴＴグループはほかの大組織と同様に日々サイバー攻撃を受けている。かなりきわどい攻撃も来るそうだが、それでも守り切っている。そこにはどんなノウハウがあるのか。

同グループのセキュリティ対策を一言で表すなら「多層防御」となる。

多層防御とは、一カ所ですべてのサイバー攻撃を防ぎ切れないことを前提に、それぞれの段階でそれぞれの対策を打つ手法だ。

最初の段階はいわゆる「装備化」。マルウェア対策を例にすると、フィルタリングに該当するもので、マルウェアがシステム内に侵入することを防御する。

その次の段階は「運用・検知」。「運用と検知は非常に重要だ。未知のマルウェアをすべてシャットアウトするのは不可能なので、日々の運用で、システムがどうなっているかを絶えず監視し、不審な動きがあれば、ルールに沿った対応を取っている」と小林常務は説明する。

つまり、セキュリティが破られたときの対処がカギになるのだ。対処をする上でのポイントは、マルウェアを放置しないということ。具体的には感染したパソコンを見つけた時点ですぐに切り離し、ほかのパソコンへの感染拡大を防ぐ。あるいは外部サーバ（C＆Cサーバなど）との通信をさせないようにする。こういった作業を迅速に行うことが被害の極小化につながる。

現在は、NTTグループ内で実践する多層防御をベースとしたソリューションも展開。NTTコミュニケーションズのマネージドセキュリティサービス「WideAngle」がそれで、すでに数千社に導入されている。

先述したように、セキュリティ対策では防御も大切だが、破られた際の被害の極小化も大切だ。

つまり、万が一、サイバー攻撃で組織内部のファイルなどが流出したとしても、問題のない形をつくるというのも一つの手立てになる。

NTTでは、それを可能にする技術を開発。「秘密分散」という技術で、すでに商品化もされている。

同技術を簡単に説明すると、まず複数拠点に暗号化した情報を分散した形で格納する。要するに「A」という情報を「B」「C」「D」の断片情報に分割し、それぞれ異なるサーバやストレージなどに保管するわけだ。そして、この断片情報を例えば二つ以上集めることにより、元の情報に戻すことができるようにする。つまり、仮に断片情報のBが盗まれても、まったく価値はない。サイバー攻撃はもちろんのこと自然災害により、どこか一つのサーバなどが利用不可能となっても、残りのサーバなどに保管してある安全な断片情報から元の情報を再現することができる。

「意味のある情報を確保しつつ、盗まれたものはまったく価値のないものにする秘密分散はセキュリティ対策を講じる上で、今後ますます有用になると考えている」と小林常務は話す。

マルウェアの迅速な検知と共有という視点ではNTTグループのグローバルインフラ、外部パートナー、各種コミュニティなどから、セキュリティ情報を収集し、分析、グループ内で共有しながら対策を講じている。

「現在は、世界中から最新のセキュリティ情報を収集解析し対策情報を生成、共有するプラットフォーム『GTIP（Global Threat Intelligence Platform）』の構築を進めている。将来さらに技術が進化すれば、AIのような技術も使うようになるだろう」と小林常務は語る。

NTTのセキュリティ人材育成

NTTは2020年までにセキュリティ人材を現在の4倍に当たる1万人まで増強することを決めた。

すでに人材育成を始動しており、いまいるセキュリティ人材のレベルアップを図りつつ、1万人まで伸ばしていく考えだ。

セキュリティ人材はレベルごとに住み分けられ、その内訳は「セキュリティエキスパート」を8000人、「セキュリティプロフェッショナル」を2000人、「セキュリティプリンシパル」を100人ほど育成したいとしている。

セキュリティエキスパートはICTおよびセキュリティに関する基本的な知識を有し、上位者のサポートのもと、業務を行うことができる人材。セキュリティプロフェッショナルは処々のセキュリティ脅威から利用者を守り抜き、セキュリティを競争力とするビジネス創出を加速させるスペシャリスト人材。セキュリティプリンシパルは具体的な実績によって社内外から大きな信頼と評価を得る「第一人者」となる。

小林常務は「さらにセキュリティマスターも数名から20名ほど確保したい。セキュリティマスターとは、国内外をリードするトップガンのセキュリティ人材。セキュリティマスターについてはセキュリティ分野に長けた人材をNTTグループ内外含めて幅広く補強を図っていく」と語る。

どのような形態でセキュリティ人材を育成していくのか。

セキュリティエキスパートはウェブを使った公開講座で育成する。具体的にはドコモgaccoが提供するMOOC「gacco」を活用し、基本的な知識を習得。修了すれば資格を与える。

セキュリティプロフェッショナルは、セキュリティ知識に加えて、業務経験やオペレーション能力が求められる。そのためサイバーレンジ（疑似的な戦闘ゲームシミュレーション環境）で演習を繰り返し、サイバー攻撃に対して臨機応変な対応ができるまで育てていく。

一方、セキュリティプリンシパルは、これまでの実績を重視。周囲から「あの人はプリンシパルにふさわしい」と認められた人材を審査委員会で見極めた上で資格を与える。

サイバー攻撃は、革新著しいＩＣＴと比例する形で巧妙化してきた。ＩＣＴはいまも進展を続けており、この進展は２０２０年になっても止まることはないだろう。サイバー攻撃も予想を超えて巧妙化するはずだ。

おそらく２０２０年はＩｏＴが伸張し、スマートカーや信号機、あるいは電力やガス、水道、鉄道などのインフラにも組み込まれているだろう。ホテルやクレジットカードもいま以上にＩＣＴ化されているのではないか。スマートフォン以上の高機能デバイスが普及しているかもしれない。

小林常務は「デバイスであれば、セキュリティ機能を埋め込むことで防御もできるが、ＩｏＴで利用されるセンサなどは、小型で簡易なものもあり制御するのが難しい。こういったセンサを狙った攻撃を前提に、可能な限り装備化していく必要があるだろう」と話す。

ＮＴＴ研究所にはセキュリティの研究開発を担う研究者を２００名ほど擁し、サイバー攻撃対策技術の開発やセキュリティインテリジェンスの構築に勤しんでいる。例えばマルウェア解析やログ分析の技術は世界的にも評価が高い。

ＮＴＴセキュアプラットフォーム研究所の梅本佳宏所長は「サイバー攻撃はどんどん巧妙

化し、ゼロデイ攻撃など未知の攻撃が増えている。また、攻撃者の組織化が進んでおり、金銭や機密情報などを目的とした組織的な攻撃は今後ますます増えるだろう」との認識を示す。

こういった認識をベースに、現在はサイバー攻撃の迅速な検知・対処を可能にする研究開発に軸足を向ける。具体的には「セキュリティオーケストレーション」の技術開発を推進。セキュリティオーケストレーションとは、サイバー攻撃が来るとネットワーク上の機器を「指揮」して自動的に対策を実行する技術。例えばサイバー攻撃が発生した際、システムが迅速に検知し、現場のオペレータに対して「この攻撃にはこういう危険性がある」「撃退パターンは数通りある」という通知を出す。オペレータはその内容を把握し、どう対処するかを判断しシステムに指令を出すことで対処する。

「今後もサイバー攻撃の検知と対処に関する技術をどんどん尖らせていく方針だ」と梅本所長は話す。

さらに新たな運用スキームの構築にも注力する。その一環として推進するのがインシデント対応組織（CSIRT、コンピュータ・セキュリティ・インシデント・レスポンス・チーム）の強化だ。NTTグループの代表的なCSIRT（※1）であるNTT―CERTは研究所内にあり、現状もJPCERT（※2）との連携や、海外情報を収集し、NTT

グループ内に配信。グループ内でセキュリティインシデントが発生すると、NTT—CERTのメンバーがインシデントレスポンスやログ分析などを支援している。「こういった活動を研究所だけが担うのではなく、各事業会社で立ち上がっているCSIRTと互いに連携することでセキュリティ技術の底上げを図っていきたい」（梅本所長）としている。

一方、これからはIoTが進展し、社会インフラにもICTが組み込まれていく。そのセキュリティ対策も重要であり、研究所としても力点を置いている。IoTを狙ったサイバー攻撃、あるいはその対策としてどのような技術が想定されるのか。

梅本所長は「IoTが進展すると、ネットワークに接続されるさまざまなデバイスやセンサがマルウェアに侵されて意図しない動作をすることが懸念される。そのためデバイスなどが改ざんされていないことを、きちんと確認しながら動作させ

セキュリティオーケストションとは

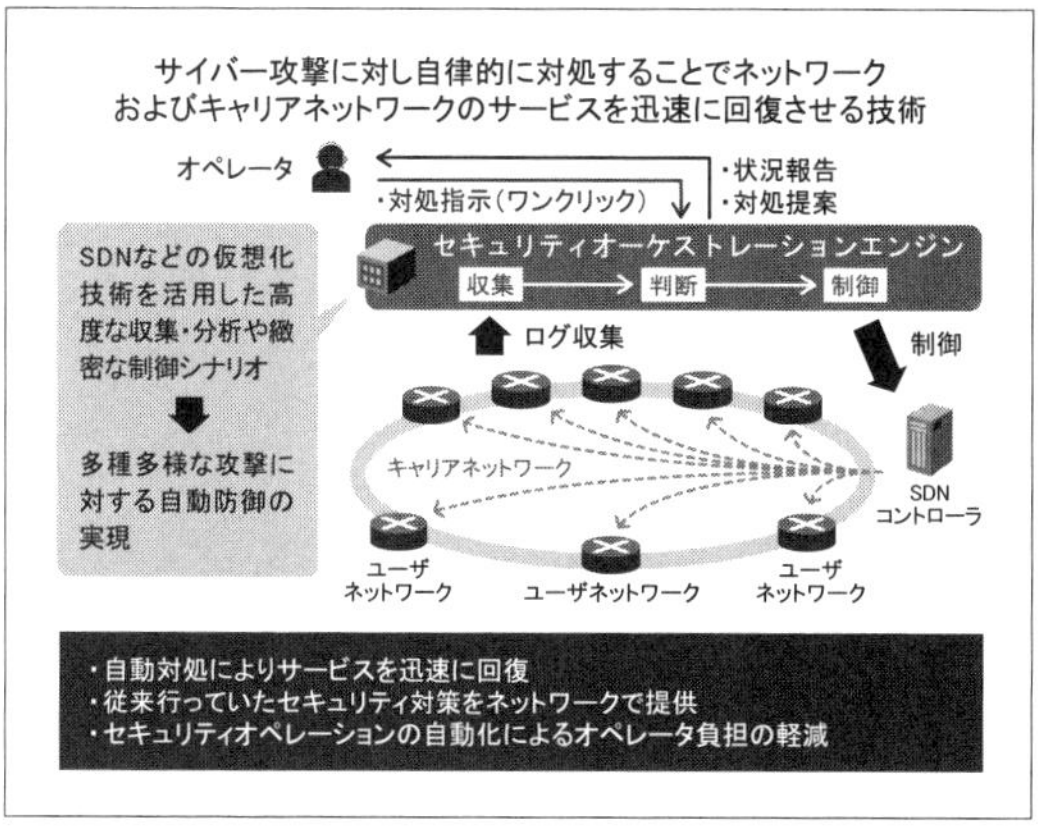

る技術などを研究する必要がある。また、マルウェアの感染元、すなわちどこを経由してデバイスにたどり着いたのかをモニタリングし、妙な動きをするアクセスポイントや端末をネットワークから切り離したり、不審な通信だけをクリーニングするなど、いまはまだアイデアベースだが、そういった研究を視野に入れている」と説明する。

検知・対処技術のブラッシュアップ、そしてIoTセキュリティへの先進的な取り組み。このあたりが2020年に向けたNTT研究所の使命になる。もちろん、それだけでサイバー攻撃を完全に防げるとは限らない。多種多様なセキュリティ技術の組み合わせが肝要だ。

サイバー攻撃の検知一つとってもNTT研究所が得意とする領域と、他社の得意とする領域は異なるので、うまく組み合わせていかなければ、精度の高い検知は実現しない。オペレーションにおいても連携が不可欠だ。NTTとして提供するネットワークは最大限にセキュリティレベルを上げるが、そこにつながるシステムはNTTのものだけではない。システム全体を防御するには他社との連携が大前提になる。

「われわれは、リスクマネジメントの観点から、サイバー空間だけでなく、リアルな防災、災害対策の研究も推進している。2020年を考えると、リアルのセキュリティとサイバーのセキュリティを別々に捉えるのではなく、リスクマネジメントとして包括する必要があるというのがわれわれの考えだ。そのため現在は統合リスクマネジメントの研究開発にも力を入れている」と梅本所長は述べる。

NTTのセキュリティオーケストレーション

前述したようにNTTセキュアプラットフォーム研究所では、大規模かつ高度なDDoS攻撃など各種サイバー攻撃の対処が可能な技術として「セキュリティオーケストレーション」の研究開発を推進中だ。

この研究開発はサイバー攻撃を受けても被害を極小化し、早期回復を実現するというコンセプトで取り組まれている。

同研究所セキュアアーキテクチャプロジェクトセキュリティオーケストレーショングループの北爪秀雄主幹研究員は「キャリアネットワークに限らず、クラウドや社内ネットワークなどから上がってくるさまざまなログを収集し、トータルに攻撃状況を判断し、最適な対処を行う仕組みを考えている」と説明する。

従来の防御はある意味〝点の防御〟で、例えばファイアウォールで監視して攻撃を検出したり、制止していたが、近年の高度な攻撃に対処するには、局部的な監視では限界がある。実際、セキュリティを担うオペレータは、怪しいログを発見しても、それが本当に攻撃なのか悩むケースが多く、さまざまなログを突き合わせて判断している。

「（セキュリティオーケストレーションは）そういった判断や対処を自動化して、オペレータの負荷を減らすことも目的にしている。ＳＩＥＭ（ログを収集し分析する技術）による分析だけでなく、その先の攻撃への対処を含めて、自動化することを目指している」と北爪氏は話す。

セキュリティオーケストレーションは、仮想化技術の進展に依るところが大きい。ＳＤＮ（※３）やＮＦＶ（※４）によりネットワークやシステムの仮想化が進むと、いろいろな制御がいままで以上に柔軟にできる。ゆくゆくはファイアウォールやＷＡＦ（※５）といった製品も仮想化されるので、それらを統合し迅速にサービス提供することも可能になる。

「例えばＳＤＮをうまく使って、高度なネットワークセキュリティへ応用することが考えられる」（北爪氏）。

具体的なイメージとして昨今の脅威である「反射型ＤＤｏＳ攻撃」と「スローＤｏＳ攻撃」の撃退事例を挙げる。

反射型ＤＤｏＳ攻撃は、数百ギガビット／秒のトラヒックをネットワークに流入させ輻輳《ふくそう》させるという攻撃手法だ。典型的なサイバー攻撃だが、世界的な大イベントがあるときは、かなりの脅威になる。

セキュリティオーケストレーションでは、個々のルータで、トラヒックの流れを監視し可視化。DDoS攻撃が来るとアラームを出して、最適な対処方法をいくつか提示する。オペレータがSDNを使った対処方法を選択すると、SDNコントローラが標的サイト至近のルータに壁をつくって攻撃トラヒックを遮断。一方、利用者発の正常トラヒックは遮断されずに、複数のルータを連携させて滞りなくつながるように制御を行っている。

SDNでトラヒックを細かく分析することで、攻撃トラヒックだけを止められるようにした点がポイントだ。

一方、スローDoS攻撃とは非常にいやらしい攻撃でトラヒックの規模は大きくないが、ゆっくりと、とめどなくセッション要求をすることでサーバのリソースを詰まらせサービスを止めてしまう。

簡単に言えば、ハンバーガーショップのカウンタに4人の店員がいて、4人の来客を同時に相手にできるが、ある4人の来客全員が注文に時間をかけると、サービスを受けられない待ちの来客が大量に出てしまう。スローDoSはこの状況に似ており、厄介なのは、単純なトラヒックなので検出しにくいことだ。

セキュリティオーケストレーションではサーバ情報を可視化し、サーバリソースが一定以上を超えるとアラームを出す。ただ、サイトの人気が集中していることも想定され、リソースだけ見て攻撃かどうかを判断することはできない。そこで、グラフ化したセッション情報とトラヒック情報をチェック。仮に、あるタイミングからセッションが増大しているが、トラヒックは増えていないとする。人気が集中しているのならトラヒックも増えないとおかしいのでセキュリティオーケストレーションの提案に従ってオペレータはスローDoSの検知装置を作動させ、実際にスローDoSの攻撃トラヒックを発見する。

「スローDoSは見つけにくいが、NTT研究所の成果として、攻撃かどうかを見分ける装置を開発した。ただこの装置をすべてのウェブサーバに設置するのは非効率なので、怪しいと思ったときに、トラヒックを装置に分岐させて調べられる形にしている。こういったこともSDNの機能を使うと比較的簡単にできる」と北爪氏は述べる。

サイバー攻撃と判定すると、該当するセッションを強制的に破棄し、攻撃してきたIPアドレスをブロックすることでサーバのリソースを回復させ正常化を図る。

現状のサイバー攻撃の防御は、技術的な仕組みもさることながら、最後はオペレータの人力が必要となる。一方、セキュリティオーケストレーションは、セキュリティのプロが日常のインシデント対応で実践していることを、システムとして自動化するので、必ずしもプロのオペレータでなくても、ある程度のサイバー攻撃なら対処できるようになる。

「いまはまだ研究段階だが、2020年を視野に実用化を目指したい」と北爪氏は語る。

バラバラにやっていたことを一つに

同研究所ではリアル・サイバーの複合的な危機対応を実現する「統合リスクマネジメント技術」の研究開発を進めている。

オリンピックなど大規模イベントでは自然災害やサイバー攻撃にとどまらず、さまざまなリスクに対応する必要がある。

ただ、これまでは自然災害については災害対策室が担当し、感染症などは総務部門、サイバー攻撃はセキュリティオペレーションセンタが担当するといった具合にそれぞれの専門組織が個別に対応していた。

一方、現在はサイバー攻撃が高度化し、リアルとの複合的な脅威が増大している。例えば、地震や台風など自然災害のどさくさに紛れて標的型攻撃を仕掛けて機密情報を奪取したり、サイバー攻撃で電気や信号機を止めたり、ATMから金銭を盗むといった、サイバーをきっかけにリアルの世界に被害を及ぼす事態が頻発。そのような中、複合的な危機については、だれがどのように対応するのかルールがあいまいなままだ。現状は全体を仕切る主管がいない。

こういった課題を解決するために取り組まれているのが統合リスクマネジメント技術である。

「従来バラバラにやっていたことを一つの組織にまとめるのは難しいとしても、連携は不可欠だ。連携する際に重要なのは互いの情報を共有すること。そのためにICTを活用する。システムを構築するというより、全体的なマネジメントをシステム的に実践する仕組みをICTで実現することが要諦となる」と同研究所セキュリティリスクマネジメントプロジェクト危機管理運用グループの叓川知宏主任研究員は語る。

そのためのポイントは二点。一つは、危機対応の標準化だ。もう一つはシステムを最大限効率的に利用するためのガバナンス、運用フローをつくることだ。従来、各組織がバラバラに持っていた情報やインテリジェンス、ノウハウを集約し、全体を見通して対応できるような仕組みをつくることが要となり、そのために情報をいかに示せばいいのか、どのように業務を回せばいいのかをICTでサポートしていくことがカギになる。

このような取り組みに傾注する背景にはサイバー攻撃による影響範囲の拡大もあるとい

う。

　妥川氏は「（サイバー攻撃は）物理的なテロや、自然災害とは比べものにならないほど複雑で、極めて専門的な領域ではあるが、いまはその影響範囲がリアル世界にも広がり、サイバーの専門家だけが担っていればいいという時代ではなくなりつつある」と述べる。具体的には、IoTの進展などさまざまなモノが急激にネットワークにつながるようになっている点が挙げられる。つまり、攻撃パターンやその影響範囲がどんどん複雑化して、サイバーの専門家だけでは手に負えない世界が広がっているのだ。そういう観点からも統合リスクマネジメント技術の必要性が見えてくる。

　とくに2020年の東京オリンピック・パラリンピックでは、リアル・サイバーの複合型テロが脅威となり、サイバー攻撃を介して物理的なテロを起こすという動きも懸念される。一昔前のように物理的なテロ対策だけでは済まないのだ。

　ちなみに、統合リスクマネジメント技術では、サイバー攻撃に関する情報も各組織から収集するが、そこには固有の難しさもあるという。

　その一つが情報の機密性だ。リアルの災害情報は、川が氾濫しているなど一目でわかるものが多く、機密性は僅少だが、サイバー攻撃の情報を軽々に外部に示せば、攻撃者にもセキュリティ対策の手の内を明かすことになりかねず、慎重さが求められる。

「また、リアルの世界は平時と有事が明確に分けやすいが、サイバーの世界では毎日のように攻撃が発生しており、区切りをつけるのは困難だ。ここにもサイバーならではの特徴がある。大規模イベント期間中は、イベント運営自体も有事と捉えて対応しないといけない。そういう視点で統合リスクマネジメント技術の検証を行っている」と爰川氏は語る。

おとりパソコンで情報収集

NTTのマルウェア対策技術は世界トップレベルにある。同社はネットワークを守るという視点でマルウェア対策技術を推進しており、この点がベンダとは一線を画した特色になっている。

「ネットワークを幅広く見ることで、より効果的なマルウェア対処が可能になると考えており、そういった観点で研究開発を進めている」とNTTセキュアプラットフォーム研究所サイバーセキュリティプロジェクトの八木毅主任研究員は話す。

その取り組みの一つとして、ハニーポット（おとりパソコン）によるサイバー攻撃情報の収集・解析を実施し、対策技術の研究開発に役立てている。一口にマルウェア感染といっても、多様なパターンがあるので、同研究所では各種パターンに即したハニーポットをつくり、さまざまな攻撃情報を取得。さらにマルウェアそのものも収集し、それらを解析することで、感染した端末がどのサーバと通信し、どこに情報が漏えいしているのかといったことまで把握している。

得られた情報は「RELIEF」という名のブラックリストとして活用。RELIEFには悪性サイトの情報をはじめ、攻撃元のホスト、攻撃者のIPアドレス、さらにマルウェアの種類や、感染した端末の通信先などが記載されている。

RELIEFはSIEMとの突き合わせによりログ分析を行うなどNTTグループで利用されている。

同研究所では、利用者の端末を守ることを目的としたハニーポット、いわゆるWebクライアント型ハニーポットにも注力。この研究開発ではIEEE主催の会議で優秀論文賞を受賞している。

サイバー攻撃の一種に、利用者が改ざんされたサイトにアクセスし、マルウェアをダウンロードさせられるというものがあるが、Webクライアント型ハニーポットは、アクセス時に攻撃を受けたことを検知できる機能「おとりのWebクローラ」を設けている。

具体的にはマルウェアをダウンロードさせられる際に悪用されるセキュリティホールをわざと残しておいて、そこにどのような入力があるのかを監視し、明らかに不正な入力があれば、サイバー攻撃と判定する。これにより悪性サイトを正確かつ迅速に検出できる。

「検出した情報に基づいて、ホームゲートウェイなどネットワーク上にある装置を、悪性サイトにアクセスさせないように設定すれば、利用者をマルウェアから守ることができる」（八木氏）。

一方、最近の攻撃者は巧妙化しており、新たな手段を講じるようになっている。その一つが悪性サイトのＵＲＬをたくさんつくって使い回すというものだ。ディレクトリを増やすだけなので、攻撃者はコストをかけずに効果が得られる。

「そのため、ＮＴＴでは『悪性ＵＲＬ探索技術』を開発した。ウェブ空間上のすべてのサイトを検知するのは無理だが、悪性ＵＲＬのそばに未知の悪性ＵＲＬがたくさん存在する可能性があるため、その周辺を中心に探索し、実際に多数の悪性ＵＲＬの発見に成功している」と八木氏は語る。

先述した優秀論文賞は悪性ＵＲＬ探索技術が認められ受賞した。

そのほかインターネット環境でマルウェアの動的解析を実現する技術も開発。近年のマルウェアは攻撃者の指示を受けて情報漏えいなどの悪事を働くので、インターネットと接続しないと動かない。ただ、マルウェア解析をインターネットに接続した状態で行うと、踏み台にされる危険性もある。そのため疑似インターネットによる安全性を確保した解析技術を開発。これにより正規サーバへの不正通信を防ぎつつ、攻撃者への通信を把握し、攻撃者サーバのＩＰアドレスやマルウェアが仕込まれた悪性サイトのＵＲＬを炙り出せるようにした。

さらに動的解析技術とハニーポットを組み合わせて、マルウェアにおとりのＦＴＰアカウント情報（ハニートークン）を漏えいさせ、おとりＦＴＰサーバで攻撃者が配置するウェブコンテンツを分析し、攻撃に使用される前の未知の悪性サイト情報を収集できるようにもしている。

この技術も世界的に高く評価され、学術系のカンファレンスなどに採録されている。日々進化するマルウェアに対応するため同研究所では今後も対策技術に傾注する方針だ。「Ｗｅｂクライアント型ハニーポットも機能強化する。また、さまざまな観点から悪性サイトやＩＰアドレスを判定する手法も検討中だ。このような営みは、２０２０年の東京オリンピック・パラリンピックをターゲットに発生が予想されるサイバー攻撃への対策も見据えている。２０１７―２０１８年度には、２０２０年にどのようなサイバー攻撃が起こり得るのか見えてくるので、そのときに必要な技術を打っていく」と八木氏は述べる。

膨大なログから怪しいログを探し出す

同研究所ではセキュリティログ分析の研究開発にも力点を置く。セキュリティログ分析とは、パソコンやウェブサーバなどが攻撃を受けた際、どのような活動の痕跡（ログ）を残したのかを辿るものであり、近年、サイバー攻撃を防御する上で、極めて重要になっている。

なぜログ分析が重要になっているのか。

従来は、ネットワークにファイアウォールやＩＰＳ（※６）、ＷＡＦといった防御システムを設置することで、サイバー攻撃を防御できると考えられていたが、最近は、システムをすり抜ける攻撃が増加している。例えば、マルウェアは次々に変種が生成されるため、ウイルス対策ソフトで検知できないことがある。また、ウェブサーバを中心に、世の中に知られていないタイプの攻撃（ゼロデイ攻撃）が発生する。

システムをすり抜け侵入してきたマルウェアを発見する手がかりはシステムをすり抜ける際に残されたログを分析することだ。

膨大なログの中から怪しいログを探し出し、防御しきれなかった攻撃を突き止めることで、攻撃者による不正アクセスを未然に防ぐことや、被害の極小化が可能になる。

例えばマルウェアは侵入後しばらく潜伏することがわかっており、潜伏期間中も何かしらの活動をするので、そのログが残る。そのログを見つけ出すことで悪事を事前に食い止めることができる。

「われわれは、以上の観点からログ分析の研究開発に注力しており、主に社内ネットワークとウェブサーバを対象領域にしている」と同研究所サイバーセキュリティプロジェクト主任研究員の神谷和憲氏は話す。

社内ネットワークにおけるポイントはマルウェアに感染した端末をすばやく見つけ出すことだ。

そのためにマルウェア感染端末検知技術を開発。ネットワークを流れるあらゆるログを収集し、マルウェアの活動を検知する。

「ほとんど正常のログだが、そこから絞り込みをかけて、新たな脅威を発見している。具体的には膨大なサイズのログを、最終的には10－20ログまで絞り込む。ここでのポイントは複数のログを時系列で相関分析している点。人力だけでは膨大のログを分析できないので、機械学習のノウハウを活用して機械的に絞り込んでいる」と同研究所同プロジェクトの中田健介研究員は説明する。

また、マルウェア解析の結果から自動的にマルウェアの活動の特徴を抽出し、未知のマルウェアに感染した端末を検出するようにもしている。従来からマルウェアの行き先を定義する技術はあるが、最近のマルウェアはどんどん行き先を変えるので追随できなくなっていた。そのため行き先の定義だけでなく、マルウェアの活動そのものを定義することで、未知のマルウェアに感染した端末を検出している。

ウェブサーバに関してはアノマリ型攻撃検知技術を開発。通常動作を学習して得られたプロファイルに基づきアプリケーションログに現れる異常を検知する技術だ。

一口にウェブサーバといっても、その背後にはデータベースのログもある。さらにオペレーティングシステム（ＯＳ）のログもある。こういった複数のログを相関させることで攻撃を検知している点が特長だ。

「従来の攻撃検知は〝こういう攻撃が来るはずだ〟という定義に基づくことが多かったが、攻撃パターンが変わると追随できなくなる。そのため〝通常のウェブアクセスというのはこういうものだ〟ということを学習させて、そこから大きく異なるものを検知することで、新たなウェブサーバへの攻撃を検知できるようにしている」と同研究所同プロジェクトの鐘揚氏は述べる。

もう一つ、同研究所のログ分析の特長として挙げられるのは、誤検知の抑制に成功していることだ。未知の攻撃を検知できることは大きなポイントだが、検知しなくてもいいログまで検知してしまうと非効率になる。市中にある検知装置の場合、検知率が高くなると、それに比例して誤検知率も高くなる。同研究所では、機械学習などを利用した独自技術により、実際に影響のある箇所を特定してログ分析を行うことで、高い検知率を維持するとともに、誤検知の大幅削減を実現している。

ＩｏＴセキュリティは始まったばかり

同研究所では、ＩｏＴを念頭に置いた研究開発にも軸足を向ける。

ＩｏＴという言葉は急速に広まりつつあるが、モノのインターネットといっても、「モノ」の範囲は非常に広く、ＩｏＴを定義するのは難しい。しかし、２０２０年頃にはＩｏＴ的なサービスが相応に進展しているとの予測もあり、セキュリティの観点からは対応を検討していく必要がある。

同研究所セキュアアーキテクチャプロジェクトセキュリティデザイングループグループリーダの早川和宏氏は「ＩｏＴの全体像をつかむのは難しいが、セキュリティの観点で言うと、パソコン以外のデバイスがいろいろ登場して、それらがさまざまなデータを扱うようになるので、それらをサイバー攻撃から守ることが必要になる。パソコンを守る手段はたくさんあり、パソコンの保護はいままでの延長でやっていけるはずだが、IoTで用いられるデバイスの中には、ネット家電やセンサなど、さまざまなコネクテッドデバイスが含まれ、パソコン向けセキュリティとは異なる新たな手法を考えなければならない」と話す。

従来のインターネットでは、基本的にパソコンの前に人がいて、ブラウザを使って閲覧していた。つまり人とパソコンがセットだったわけだが、IoTになると、人は介在せずに機器が自動で反応する、あるいは勝手にデータをやり取りするようになる。別な見方をすると、これまで人を介在させることによって守っていた情報を、IoTでは機器だけで守らなければならない。機器の守りが弱ければ、機器内の情報を根こそぎ持っていかれたり、機器を乗っ取られてしまう。このあたりにIoTならではのリスクがある。

IoTデバイスも千差万別で分類が必要だ。同研究所ではデバイスを「リッチ」「プア」「超プア」に分けた。

リッチデバイスとはパソコンやスマートフォンなど、ある程度のメモリや処理能力があり、セキュリティ保護のための複雑な処理もこなせるデバイスだ。リッチデバイスは、人が操作しなくても勝手に動くことを除けば、いままでのセキュリティ技術が利用できる。

一方、プアと超プアはどうか。イメージとしては、ネット家電や携帯ゲーム機はプアデバイス、センサやＩＣカードなど、より限定的な能力しか持たないものは超プアデバイスとなる。

「プアあるいは超プアなデバイスを活用したサービスを守るには、デバイスの能力不足を補うような仕掛けがネットワークやクラウド側に必要になる。このあたりがセキュリティとして新しく取り組む必要がある領域だと考えられる」と早川氏は語る。

また、ＩｏＴサービスには、工場など閉じたネットワークで使われる場合や、通信形態としてＰ２Ｐやアドホックネットワークを利用する場合も想定される。

同研究所はこのようなさまざまなデバイスと多様な通信形態を包含したＩｏＴシステムのリファレンスモデルを作成し、将来のユースケースを想定しながらプア・超プアなデバイスを用いてつくられたサービスを守るための手法をさまざまな技術的手段を組み合わせながら検討している。

ＩｏＴセキュリティの研究は緒に就いたばかりで、今後の趨勢によって取り組み方針が大きく左右される可能性がある。

例えば認証や電子署名。インターネットでは電子証明書を用いてデバイスやサーバの身元確認を行う仕組みがあるが、ＩｏＴサービスの中でこの仕組みがどこまで普及するかは未知数だ。

リッチデバイスなら、既存の仕組みを流用することもできるが、プア・超プアデバイスでは、既存の仕組みでは処理が重すぎるし、そもそもプア・超プアなデバイスには電子証明書を外部から盗まれないように安全に保有する仕組みがない。

そのため、IoT向けの認証や電子署名では従来とは異なるシステムを用意することになりそうだ。

早川氏は「今後の流れによっては、通信キャリアやクラウド事業者に、新たな役割が生じる可能性もある」と語る。

リファレンスモデルについても、サービスやビジネスモデル、標準化などの動向に引き続き注視していく必要があるとしており、今後も多様な視点を取り入れていく方針だ。

いずれにせよ、IoTが普及すると、セキュリティ確保がさらに難しくなることは間違いない。

IoTシステムのリファレンスモデル

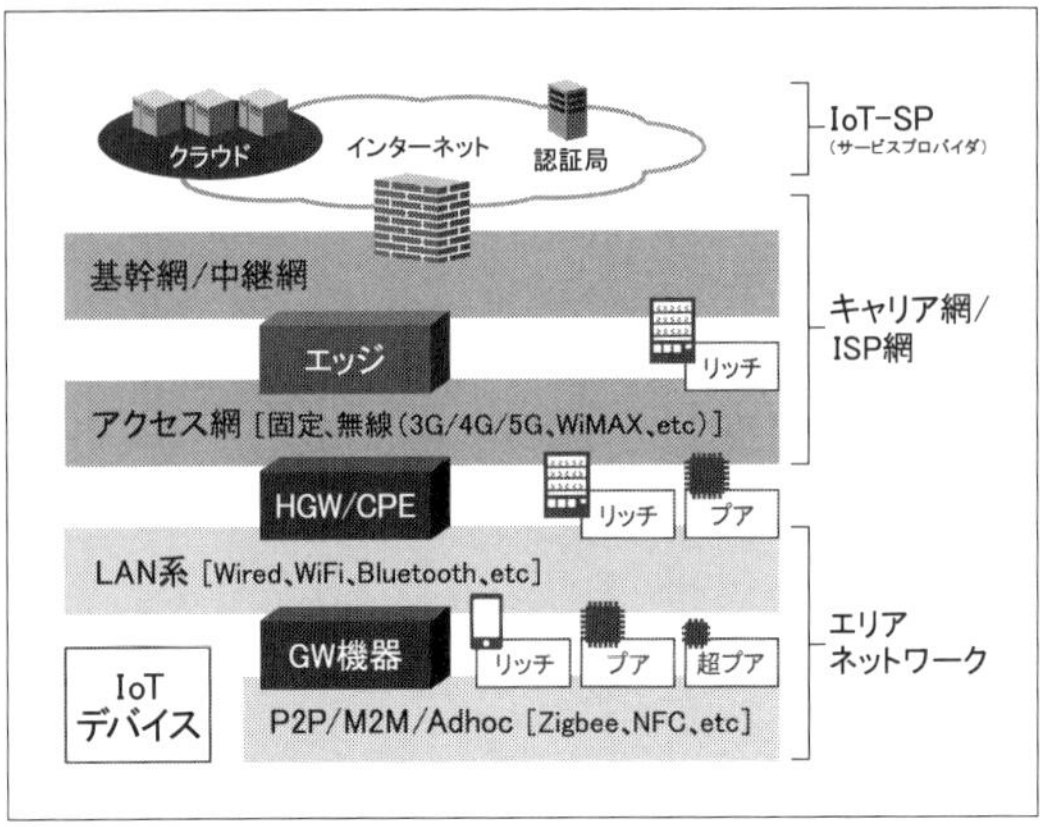

先に記した通り、同研究所ではNTTグループのセキュリティ強化の一環として、NTTグループのCSIRT「NTT―CERT」を運用している。

NTT―CERTは2004年に発足。日本国内では最古参の一つに数えられる。サイバー攻撃などのセキュリティ情報をいち早く把握し、NTTグループ全体の被害の極小化、未然防止を図りつつ、予防から検知、事後対応までを一貫して実施し、セキュリティ運用強化を図る技術開発とNTT事業会社の支援を主軸に今日に至る。

CSIRT自体は、昨今、吹き荒れるサイバー攻撃を背景に、各企業も取り組むようになっているが、その形態は千差万別だ。NTT―CERTの場合、NTTグループを支援対象にしており、専任メンバーで技術的に特化して活動している点が特徴となる。フォレンジックをはじめセキュリティ製品の評価、システムなどの脆弱性情報の収集、さらに一般的なニュースサイトからの情報収集、米国駐在員を中心とした海外のインテリジェンス情報を収集するなど幅広に活動している点も特徴といえるだろう。

NTTグループの事業会社で発生するインシデントは、事業会社自身で一次対応に当たる。それで解決する場合もあるが、技術的に難しいものが発生したときにNTT―CERTが支援に乗り出す。

現在、NTTグループはセキュリティ技術者を1万人まで増強する施策を進めているが、

ＮＴＴ－ＣＥＲＴは、その取り組みの一翼も担っている。

発足以来、培ってきた知見を活用して、どのようなセキュリティ人材を育成すればよいか、どのような育成プログラムをつくれば早期に人材が育つかといったノウハウの部分で協力している。

ＮＴＴグループの事業会社も個別にＣＳＩＲＴを立ち上げるようになっており、主要5事業会社（ＮＴＴ東西、ＮＴＴコミュニケーションズ、ＮＴＴデータ、ＮＴＴドコモ）はすべてＣＳＩＲＴを保持している。各社がＣＳＩＲＴを設立する際、ＮＴＴ－ＣＥＲＴの関係者が組織づくり、体制づくりで助言し、立ち上げた後も情報交換などの横連携の形成に注力している。

現在はＮＴＴ持株主導でＣＳＩＲＴ設立を推進しており、今後もグループ内ではＣＳＩＲＴ立ち上げの流れが加速する見込みだ。

長年に渡り、セキュリティの最前線に立ってきたＮＴＴ－ＣＥＲＴの関係者によると、近年のサイバー攻撃は、量よりも質の変化が激しいという。つまり従来に比べて攻撃手法が悪質化、巧妙化、組織化しており、日を追うごとに先鋭化しているというのだ。

潜在化した攻撃も増えており、被害が発生していることに気づいたときには、分析すらできない状態になっていることもあるそうだ。そういう観点で言っても、ＣＳＩＲＴ間で情報を共有し、少しでも早く攻撃を発見し、被害を抑制するという取り組みが重要になっている。

NTTコミュニケーションズのセキュリティソリューション

2020年の東京オリンピック・パラリンピックにおいてネットワークやセキュリティを担当するNTT。セキュリティについてはNTTコミュニケーションズ（NTTコム）が主軸を担う。

同社はその一里塚として、サイバーセキュリティを強化するため2015年10月1日にCSIRT機能を含むトータルな対策を実践する「情報セキュリティ部」を新設した。

同社経営企画部MSS推進室担当部長の小山覚氏は「サイバー攻撃の世界は急進的で、2020年の対応策をいまから講じても、その頃には旧態化しており、おそらく効力はないだろう。そのため、まずは当社をはじめNTTグループ全体のセキュリティレベルを上げていく必要がある。CSIRTをつくったことで、サイバー攻撃情報の共有や迅速な対策が可能になるので、こういった取り組みをベースに２０２０年に向けたセキュリティ対策を進めていく方針だ」と話す。

ちなみに小山氏は同社のセキュリティ・エバンジェリストとして、サイバー攻撃やその対策について中立的かつ専門的な立場で対外発信を行うミッションも担っている。

同社では総合リスクマネジメントサービス「ＷｉｄｅＡｎｇｌｅ」をベースにセキュリティサービスをグローバルに展開。独自開発の技術をはじめＮＴＴ研究所などの技術を駆使したソリューションは世界で評価されている。

例えば、マネージドセキュリティサービスの運用基盤（ＳＩＥＭ）において、人工知能（ＡＩ）などを用いて、数多の未知のセキュリティ脅威を検知する機能を独自に開発。攻撃者や悪性サイトとの不正通信をリアルタイムに検知・判別する仕組みとしてＡＩを活用するサービスは世界初であり、誤検知率も０・５％の高精度を誇る。

また２０２０年には相当程度の普及が見込まれるＩｏＴのセキュリティ対策にもつながる。ＩｏＴ環境においても想定外のリスクが付きまとう。

ＩＰアドレスを持った機器の代表例はホームルータだが、ホームルータのバージョンアップをマメにしている利用者は少なく、何らかの脆弱性を抱えているのが実情だ。実際ホームルータを中継したサイバー攻撃がここに来て増大している。

一家に一台しかないホームルータでも対策が進まないのに、IPアドレスを持った機器があちこちに設置されるようになれば、何が起こるのか。一抹の不安がよぎる。

「IoTでは、センサやウェブカメラ、あるいは医療機器といった製品とネットワーク運用という全体的なセキュリティが重要になる。いまはまだ社会の仕組みとして対策の打ちようはないが、検討は必要だ」と小山氏は述べる。

現在は、IoTを重要インフラに適用する動きが出ており、今後の進展が有望視されている。

インフラの安全を守るという文脈で「省エネ」「監視」「事故防止」「業務効率化」「生産性向上」「サービス向上」などがキーワードとして挙げられるが、現状は工場や空調設備、倉庫、化学プラント、発電所、水道、さらに道路や橋などでIoTの実証実験が盛んだ。

その背景には設備の老朽化が横たわる。熟練した保守要員の不足も由々しき問題だ。さらにグローバル化による設備の分散化、頻発する自然災害など設備の監視を強化する必要性が増している。

こういった傾向は日本に限らない。世界的な潮流であり、例えばドイツでは「Industry4・0」というプロジェクトが動き出している。

製造現場などでロボットを操作したり、バルブの開閉を操作して温度や圧力をコントロールしたりする制御システムをインターネットでつなぎ、生産プロセス全体を最適化するというコンセプトだ。

「ただ、この制御システムがサイバー攻撃にさらされているのがここ数年の傾向だ」。

こう語るのはNTTコム技術開発部担当課長の境野哲氏だ。

サイバー攻撃の標的になる重要インフラの大半が鉄鋼・自動車・半導体などの製造設備と電力・ガスなどのエネルギープラントの制御システムだといわれている。外部からの侵入だけでなく、システム内部からメンテナンス用のパソコンやUSBメモリからマルウェアに汚染される事象もあるそうだ。

そのため異常をすぐに検知して対策を講じる手法の確立が急務とされている。

制御システムが攻撃されると、停電や断水、爆発炎上、交通事故といったかなり深刻な社会的ダメージが発生する。

以上の点を踏まえて境野氏は「制御システムを含めたIoTの課題として〝性能に影響を与えない〟〝機密データを外に漏らさない〟〝外から攻撃をされない〟〝いざとなればネットワークを切断できて国内外問わず同じ条件で運用できる〟といった従来のインターネットの世界とは別次元のセキュリティ対策が求められる」と説明する。

ＩｏＴの普及により、重要インフラをはじめ、工場などがサイバー攻撃の餌食になるリスクが高まっている。インフラの安全を守るために導入されるＩｏＴが危機を誘発するというのは、皮肉な話ではあるが、設備の老朽化、保守要員の不足といった抜き差しならない課題がある以上、インフラにＩｏＴを組み込んでいく流れは止められない。

そうであるなら、ＩｏＴを導入したインフラの安全を守るソリューションを開発するのは必然だ。

「コネクテッドカーと呼ばれる自動車もサイバー攻撃の標的になる可能性が高い。総合的な対策が必要だ」と境野氏は話す。

同社では、今後の取り組みとして、現場の実機を使って、どんな脅威があるのか知見を集めるとしている。

また２０２０年の東京オリンピック・パラリンピックを念頭に、制御システムのセキュリティ対策を高度化させる。

制御システムが故障／攻撃されると……

モノやサービスの供給がストップ ──▶ 産業・生活に重大な影響

対象	想定被害(例)
電力システム	発電制御不能→大規模停電
水道	消毒不良、ポンプ停止→断水
石油化学	温度・圧力の異常→爆発炎上
工場	ロボット動作異常→生産停止
病院	停電・断水→医療機器の停止
ビル	空調・照明→業務／営業の中断
道路・鉄道	信号制御不能→渋滞、不通
車載機器	ナビ／自動操縦異常→交通事故
HEMS／BEMS	電力需給制御不能→広域停電

出所：NTTコミュニケーションズ

まず自動車やホームエネルギーマネジメントといった生活機器のＩｏＴセキュリティ対策を進め、ＡＩなどを駆使しながらインシデントの自動検知を実現させたいとしている。

ＡＩを活用した異常の自動検知のイメージはこうだ。

ネットワークにつながるモノがあり、それらの振る舞い（通信ログや動作ログ）をデータベースで解析し、いつもと様子がおかしいものをＡＩが見つけて、利用者や管理者に告知することで確認を促す。

「こういった仕組みをＮＴＴのネットワークあるいはクラウド基盤上で提供するのがよいと考えている」（境野氏）。

ＮＴＴデータのセキュリティソリューション

「現状は、標的型攻撃対策に関する引き合いが非常に多く、まずはリスクの見える化をしてほしいとの依頼が大組織を中心に増えている」。

こう語るのはＮＴＴデータ基盤システム事業本部セキュリティビジネス推進室ソリューション担当部長の鴨田浩明氏だ。

このような流れを受けて、標的型攻撃対策の製品やソリューションも伸張。具体的には、サンドボックス製品や、NTTデータが独自開発した標的型攻撃検知サービス「PatoLogphin」が売れ筋になっている。

サンドボックスは、ゲートウェイに設置し、リアルタイムでマルウェアをチェックする製品。一方、PatoLogphinは、ログ分析のソリューション。いわゆるSIEMだ。

「両方セットで活用すると、セキュリティはかなり強化される。リアルタイムにチェックしていても、そこをすり抜けて侵入するマルウェアもあるため、ログ分析は重要だ。攻撃者はパソコン内のログは消すことができても、プロキシサーバやファイアウォールのログは消せない。そのログを分析することで、早期にマルウェア侵入を発見し、被害の極小化ができる」と鴨田氏は説明する。

ちなみにPatoLogphinは3〜4年前から同社内で運用され、未知のマルウェア検知に非常に効果的であることが立証されたことから商用化された。

同社においても、サイバー攻撃が常態化しており、PatoLogphinでマルウェア感染が疑われる端末が見つかると、NTTDATA—CERTが出動し対応に当たっている。

NTTDATA—CERTは、NTTデータグループのCSIRTで2010年7月に設立。NTTグループのインシデント対応はNTT—CERTが行うが、実はNTTデータグループについては、海外も含めてＮＴＴＤＡＴＡ－ＣＥＲＴが対応している。もちろんＮＴＴ－ＣＥＲＴと連携はしているが、ＮＴＴデータグループのセキュリティ対応を一義的に統括するのはＮＴＴＤＡＴＡ－ＣＥＲＴだ。

ＩｏＴの進展が期待される昨今、同社ではＩｏＴセキュリティにも軸足を向ける。

「ポイントはセキュリティ・バイ・デザイン。どんなシステムを構築し、そこにどんなリスクがあり、運用を含めてどんな対策を打つべきなのかを知り、設計の段階からセキュリティをつくり込むことが大切だ。システムができ上がってから対策を考えると大変な手間になる。当社には、ミッションクリティカルなＩＴシステム構築を通じて、そういった設計・開発のノウハウがあるので、さまざまな貢献ができると考えている」（鴨田氏）。

ＩｏＴと並んで、ビッグデータやＡＩにも脚光が集まっているが、ＡＩとセキュリティは今後重要なテーマになるという。

というのも、どんなセキュリティ製品やソリューションであっても、マルウェアなどを発見するルールや仕組みをつくらないと機能しない。現状、そのルールや仕組みをつくっているのは、セキュリティ専門家で、要するに人力だ。〝この攻撃を発見するには、こういう手法を使う〟というルールを一つひとつつくっており、日々新しいルールが増えているという。その一方で新手の攻撃がどんどん出てきて、スピーディなルールの作成や、攻撃の検知が難しくなっているのが実情だ。

「人力だから精度が高いともいえるが、限界があるため機械学習のような仕組みで自動的にルールをつくったり、攻撃情報を自動で集めることを考えなければならない。そういう意味でＡＩは重要テーマであり、ＮＴＴデータでも２０１５年10月にＡＩソリューション推進室を設置し、ＡＩの研究開発に力を入れている」と鴨田氏は説明する。

中長期的な展望として「いまのセキュリティは、企業単位、組織単位で対策を打っているが、それでサイバー攻撃を防ぐのは難しい。例えば、ある街にファイアウォールを設置し、街を丸ごと守るといった取り組みが必要になってくるのではないか」との見方を示す。

警察との連携

また、同社は２０１４年5月から愛知県警察本部サイバー犯罪対策課の職員を同社フォレンジック・ラボに受け入れ、サイバー攻撃に的確に対応する人材の育成に協力している。

周知の通り、サイバー攻撃のパターンが複雑化、高度化しており、警察が捜査を行う上で、困難を極める場面が増大。とくにオンラインバンキングに対する不正送金が深刻だ。事件が発生すると不正送金に使われたパソコンを押収して、だれがどのような犯罪を行ったのか捜査するわけだが、入手可能な情報の中から犯行の手口や、犯行に使われたソフトを警察単独で正確に把握するのは現実的には難しい。

NTTデータ基盤システム事業本部セキュリティビジネス推進室セキュリティ技術担当シニアスペシャリストの山田達司氏は「愛知県警から最新技術をキャッチアップしたいという話があり、ならば当社が開発した技術を伝授し、サイバー攻撃の捜査に役立ててもらおうということになった」とこれまでの経緯を語る。

現状は、パソコンなどを押収して、その中からさまざまなサイバー攻撃の活動を抽出し、そこで何が行われていたかを確認する技術を伝授している。

「適用される技術は、警察と民間企業で大きな違いはない。むしろ警察のほうが活用可能な情報が多岐に渡る分、民間よりもはるかに優位だ。ただそれをうまく使いこなすための技術・ノウハウが、民間に比べると不十分であり、キャッチアップが必要だ」と山田氏は語る。

また不正行為の検知にも傾注。とくに最近はIPS（侵入防止システム）やWAF（ウェブアプリケーションファイアウォール）といった単純なソリューションだけでサイバー攻撃を検知するのが困難な状況になっており、SIEMなどさまざまなログを組み合わせて不正行為の予兆を検知する技術が重視されるようになっている。

一方、SIEMを使えば、それだけでうまくいくとは限らない。SIEMがアラームを出したときに、それが本当にサイバー攻撃なのか、ログを辿りながら見ていくことが必要だ。そういったノウハウも含めて伝授しているという。

そのほか、NTTグループで開発したマルウェア解析技術をベースに、マルウェアの動作解析のノウハウなども共有していくとしている。

人的なコネクションづくりも重視しており、セキュリティ技術者との顔つなぎも積極的に行っている。

「捜査に行き詰った際、〝これはあの人に相談しよう〟〝あの人に聞けば何とかなる〟という具合に人脈を生かしてもらいたいと考えている」（山田氏）。

同社にとって今回の取り組みはボランティア的な要素が強いが、大きなメリットは、実際の犯行現場でどのような事象が発生しているのか、あるいは捜査をする警察官のニーズ、彼らがどんなツールを求めているのかといった知見を得られることだ。

「いま考えているのは、もっとアクティブな捜査を可能にする仕組みを構築できないかということ。当社と愛知県警で議論を進めている。法的な制約もあるので簡単ではないが、技術的な部分での可能性を一緒に探っている」と山田氏は話す。

※1　CSIRT

Computer Security Incident Response Teamの略。コンピュータやインターネットでセキュリティ上のトラブルが起きていないかどうか監視すると同時に、問題が発生した場合にその原因解析や影響範囲を調査する組織。

※2　JPCERT

一般社団法人ＪＰＣＥＲＴコーディネーションセンターのこと。コンピュータセキュリティの情報を収集し、インシデント対応の支援、コンピュータセキュリティ関連情報の発信などを行う一般社団法人。日本の代表的なＣＳＩＲＴの一つ。

※3　SDN

Software - Defined Networkingの略。ネットワークを構成する通信機器をソフトウェアによって集中的に制御し、ネットワークの構造や構成、設定などを柔軟に、動的に変更することを可能にする技術。ネットワーク機能を仮想化する技術の代表格の一つ。

※4　NFV

Network Functions Virtualizationの略。ネットワークを制御する通信機器の機能をソフトウェアとして実装する技術。ネットワーク機能を仮想化する技術の代表格の一つ。

※5　WAF

Web Application Firewallの略。ウェブアプリケーションの脆弱性を狙うサイバー攻撃から、ウェブアプリケーションを保護する技術。

※6　ＩＰＳ

Intrusion Prevention Systemの略。侵入防止システム。サーバやネットワークの外部との通信を監視し、不正なアクセスを検知して攻撃を未然に防ぐ。ＷＡＦがウェブサイトへの攻撃を検知・防御するのに対して、ＩＰＳはネットワークへの攻撃を検知・防御する。

まとめ

日本人のサイバーセキュリティに対する意識は高いのか低いのか。サイバー攻撃について考察する際、この点が非常に重要になる。国民性が如実に出る部分でもあるので、興味深くもある。

サイバー攻撃は誇張でなしに社会システムを根底から覆すほどの威力を持つ。われわれは近い将来、サイバー攻撃の真の恐ろしさに直面し、社会システムを死守するために戦い続けることになるだろう。そのとき、サイバーセキュリティに対する国民的合意が形成されるかどうかでその後の結果が大きく左右される。

多くの専門家は日本人の意識は低いと認識しているようだ。

ある専門家は「マスコミもサイバー攻撃について報道するようになったが、本質的な部分に踏み込んではいない。だから人々はサイバー攻撃の本当の怖さを知らないでいる」と腕を組んだ。

一方、かつて私が、シニアＩＣＴに関する団体を取材した際、こんなやり取りになったことがある。

代表の女性に「シニアのＩＣＴリテラシを向上させるには、まずセキュリティ教育がポイントになりますね。サイバー攻撃が容赦なく刺さってくるので」と水を向けると、彼女は「サイバー攻撃なんて、アニメの世界のような話をされても私らにはわかりません。それよりも無料だと思って使ったら高額請求されたり、消費者を愚弄する事業者が平気で闊歩しているほうがよほど問題。あれこそシニアの敵です」と言及。「あなたもサイバー攻撃なんか追いかけていないで、そういう変な事業者を糾弾する取材をしてくださいよ」と詰め寄ってきた。

「いや、でもサイバー攻撃も大問題ではあるので」、私は額に手を当て、しどろもどろになりながら返答したが、彼女は「どこが大問題なの、だれも困ってないじゃない」と意に介さない。

「そんなことはないんですけど、しいて言えば、だれも困っていないところが大問題でして……」。

「言っている意味が全然わかりません」。

日本には、サイバー攻撃の怖さを知らない人が意外なほど多い。

日本企業の情報漏えいに対する危機感についても心もとない。ある専門家がこんな厳しい意見を述べた。

「日本企業の危機感は欧米企業と比べて極端に低い。機密情報が漏れても慌てるケースが少なく、まずは〝新聞発表の必要はあるのか〟〝謝罪会見をしなければならないのか〟ということを気にする。要するに実際の被害はどうでもいいという感じで、自分たちが恥をかくかどうかで汲々としている雰囲気だ。だから実害の究明も後手に回る」。

この専門家は経営層の感度の鈍さが問題の一因だと指摘する。

「サイバー攻撃の進化は急速だ。そのためセキュリティ担当部署が適切に対応するには、新たな対策を次々と打たないといけない。ただそれを上層部に上げると、上層部がその部署のこれまでの取り組みをミスと判断し、〝これまでもセキュリティにたくさんのお金をかけてきたのに、いまさら何を言っているんだ〟と責任追及に発展することがある。担当者も自分で自分のやってきたことを否定したくないので、現場の深刻な状況をあえて上司に報告したがらない。多くの企業では、このような事情で経営層にサイバー攻撃の脅威が伝わらないという悪循環が生じている」。

一方で異なる認識を持つ専門家もいる。

「日本人の意識は低いかもしれないが、対策は取っている。欧米の人々は意識は高いが、必ずしも適切な対策を取っているわけではない」「実は日本人全体のセキュリティ意識は平均レベルが高く、おしなべてきちんとしている」。

くどいようだが、サイバー攻撃の世界は正真正銘のカオスだ。何をどう捉えればいいのか判別できず途方に暮れてしまうことばかりである。

ただ一つ、今後は否応なしにセキュリティ意識を上げざるを得なくなる。オンラインバンキングを狙った不正送金はどうだ。いまは金融機関が消費者を保護しているのでパニックになっていないが、被害規模がこれ以上拡大すれば、流れが変わることもあるだろう。〝だれも困っていない〟という状況がいつまでも続くとは思えない。

ブラックハッカーのコミュニティでは、2020年の東京オリンピック・パラリンピックをサイバー攻撃のオリンピックと捉えているそうだ。サイバー攻撃の手法は縦横無尽に変化するので、現時点で2020年の動向を見通すのは難しい。さはさりながら、ここまで取材しておいて結局、先は見通せませんでは、ジャーナリズムにならないので、見通せないながらも専門家らの知見をベースに、2020年の模様を占ってみたい。

ある専門家は「オリンピック絡みの攻撃はすでに始まっている」と述べる。

オリンピック招致に立候補した2006年頃から複数のオリンピック委員会が標的型攻撃によって監視されていたという。実際2015年2月に日本バスケットボール協会のホームページが標的型攻撃を受けるなどスポーツ団体が餌食になる事例が増えている。

その専門家は「目的は定かでないが、オリンピック関係者が閲覧することを想定して、何らかのスパイ活動を行っているのではないか。こういう事例はオリンピックが近づくにつれ激化すると思われる」と話す。

だれがスパイ活動をしているのか断言はできないが、おそらく日本でオリンピックを行うことに反感や嫉妬を持つ組織あるいは個人ではないか。日本は原発問題を抱えている。世界には日本の捕鯨活動に反発する団体もある。こういったテーマを背景に自己主張あるいは圧力の手段としてサイバー攻撃を仕掛けている可能性はゼロではない。

別の専門家は「オリンピックが近づくと、各国の活動家がデモなどを活発化させる。そこではサイバー攻撃も駆使される。彼らは洗練されているので、粗雑な攻撃はしない。高い技術力をベースに静かな攻撃を仕掛けてくるはずだ。そういう意味で、東京オリンピックが近づくにつれ、これまで日本にはなかった攻撃が見られるようになるだろう」と言及。その上で「こういった攻撃に紛れて便乗犯も増えるはずだ。実はサイバー攻撃には便乗犯がたくさんいて、どさくさ紛れに攻撃を仕掛けて金銭や機密情報を奪取する連中も少なくない」と述べる。

そのほか「オリンピックでは映像中継が最もお金のかかるところであり、世界中の人々が注目するので、そこに対して何らかの攻撃が来るのではないか。衛星のハイジャックなどもやろうと思えばできる」との意見もあった。「2020年になると、ウェアラブル端末も普及しているだろうし、IoTも普及しているので、インフラを含め、さまざまなモノがサイバー攻撃の危機にさらされる」と予想する専門家もいた。

いまの状況でいくとテレビなどの家電も狙われそうだ。電気自動車、スマートメータ、HEMSも格好のターゲットになる。

クラウドをはじめIoTといったICTが各種インフラの中枢で機能するようになると、サイバー攻撃によるテロ、いわば大量殺人も現実味を帯びてくる。

「オリンピックでは一つの施設に大勢の人々が集まる。サイバー攻撃をテロの手段にする連中にとって魅力的な環境だ。だれが何のためにどうやって攻撃を仕掛けるのか系統を立てて分析しておかないと大変なことになる」と腕を組む専門家もいた。

ICTは技術革新が激しく、絶えずトレンドが変わる。そのためセキュリティに関しても全方位的な対策が求められる。

ICTがどのように利活用されても、それに対する対策が遅れることなくしっかりフォローするには、伸びるか伸びないかわからない分野であっても対策を打っていかないといけない。そういう意味で言ってもセキュリティ分野の研究開発は難易度が高い。

東京オリンピック・パラリンピックの際に確実に増大するサイバー攻撃もある。その一つがDDoS攻撃だ。近年開催されたオリンピックでDDoS攻撃を受けなかった大会は皆無なので、東京オリンピックでも必ずやって来る。

ただ、ＤＤｏＳ攻撃は、ＩＳＰなどが対策を打てば、それほど大きな問題にはならない。

ある専門家は、「そうは言っても、ＤＤｏＳ攻撃がどのくらいの規模で、どのくらいの期間来るかということは想定しておくべきだ。さらに個人が所有するデバイスがどのくらい進化しているかを考慮する必要もある。２０２０年頃になると通信回線もいま以上に太くなっているので、ブラックハッカーからすれば攻撃しやすくなる。この辺の対処能力をいかに上げていくかが試練になる」と苦言を呈した。

こんな認識を示す専門家もいる。

「東京オリンピック・パラリンピックで、巧妙なサイバー攻撃が波状的に発生すると主張する専門家がいるが、何を根拠にしているのかわからない。仮にロンドンオリンピックと同レベルのサイバー攻撃が来たとしても、ＢＴをはじめとした英国企業で防いだのだから、日本企業でも防げるはずだ」。

返す刀で、反対意見を主張する専門家もいる。

「北京、ロンドン、ソチでオリンピックが開催されたが、中国、英国、ロシアに共通しているのは、しっかりした情報機関を有していることだ。例えば、ソチオリンピックでは、暗号通信がほぼできない状態、あるいはできてもおそらくロシア当局に傍受されていると思われる事象がかなり見られた。テロ対策の一環だと思うが、こういった活動をしっかりできる情報機関を持たない日本ではどうなるのか。とくに日本は、通信の秘密を世界で最も厳格に守っている国で、そのためスパイ天国になっている面もある。東京オリンピックのときは、状況認識がまったくできず、何が起こっているのかわからないような状態の中でサイバー攻撃に対応することになるのではないか」。

オリンピックに限らず、大きなイベントがあると必ずサイバー攻撃が頻発するが、防御する側は、その攻撃によって、だれにどのようなメリットをもたらすのか知らなければならない。そこには、政治的な意図もあれば、金銭的な意図もある。

「東京オリンピック・パラリンピックの際、国内からは愉快犯が増大するだろう。一方、海外からは政治的、金銭的な意図を持った攻撃がやって来るはずだ」と話す専門家もいた。

ときどき日本人ハッカーの手によるマルウェアがメディアの注目を集めるが、それらの動向を踏まえて、その専門家は「日本人ハッカーは、自己顕示欲がモチベーションになっている。〝オリンピックなんてくだらん〟と反感を持っている日本人が愉快犯としてサイバー攻撃を行うのではないか」と分析する。

別の専門家はこうも言う。

「私が愉快犯としてオリンピックを邪魔するなら、オリンピックのシステムは狙わない。なぜなら警戒が厳重だから。むしろ警戒が薄くなっているシステムを狙って騒動を起こす。

オリンピック期間中に騒動を起こせば、その効果は同一だからだ」。

余談になるが、ウイルス対策ソフト不要論をときどき耳にする。不要論者は、ウイルス対策ソフトを導入してもサイバー攻撃を防ぐことができないことを筆頭に挙げて持論を振りかざす。確かにウイルス対策ソフトですべてのマルウェアを検知するのは不可能だ。国内にある某研究機関が、市販されている主要なウイルス対策ソフトをフル稼働させてマルウェア検知率を調べたところ、なんと半分以上が検知されずに素通りしたという。各ウイルス対策ソフトは精度に温度差があるので、ものによっては、検知率10％台というものもある。

機密情報を保有し、スパイに狙われやすい政府や企業が多層防御の一環として複数のウイルス対策ソフトを活用するのは妥当だし、むしろそうすべきなのだが、一方で、個人利用者の場合、端末に複数のウイルス対策ソフトをインストールするケースは稀であり、マルウェアの侵入を防ぐのに効果がないと考えてしまう層が一定程度出るのも頷ける。

ところで、そもそもマルウェアとは何なのか。ウイルスと称されることもあり、性質の悪いものであることは察しがつくけれど、それが端末に入り込むと、何がどうなるのか素人には、いまいちわかりにくい。この辺の動向を専門家に聞いても、これみよがしの技術論が飛び出し、複雑かつ難解すぎて腑に落ちなかった。

ところが「ああ、そういうことだったのか」と私に膝を叩かせて納得させた者が一人いた。それがブラックハッカーだ。

彼はサイバー攻撃の際、めったにマルウェアを使用しないという。自力でセキュリティホールを探り当てて侵入したほうが足が付きにくく安全なのだそうだ。マルウェアを使用するのは、ガードが堅くて、どうしてもセキュリティホールを探し出せないときだけらしい。

「簡単に言えば、端末にマルウェアを仕込むと、マルウェアが〝ここところに穴がありますよ〟と教えてくれるので、そこから入り込めばいい」。

要するにマルウェアとはハッカーの水先案内人のようなものだと私は解釈した。

話を戻す。マルウェアの数が3億を突破したとマカフィーが公表したのは数年前。いまはさらに増殖しているだろう。亜種を含めれば天文学的な数になるのではないか。

政府や企業はともかく、一個人がそんなものにいちいち付き合っていられないと捨て鉢になる気持ちもわからなくはないが、端末内に重要情報、例えばオンラインバンキングのID・パスワードやクレジットカードの情報などを格納している場合は、やはり、きちんとウイルス対策ソフトを入れておいたほうがいい。マルウェアの検知率が低かったとしても、最悪のマルウェアはシャットアウトしていることが多く、被害の極小化につながるからだ。

付録（覆面座談会）
サイバー犯罪の裏事情

木枯らしが吹きすさぶ冬夜。新宿は歌舞伎町。Ｂａｒはな。サイバー攻撃の何たるかを知る4人。仮にＷ氏（弁護士、企業におけるサイバーセキュリティ問題を専門にする）、Ｘ氏（ホワイトハッカー、政府関係者にアドバイスするなど日本におけるセキュリティの第一人者）、Ｙ氏（女性経営者、セキュリティ関係のイベント運営、ハッカーコミュニティに精通）、Ｚ氏（元国家公務員、公務員時代はサイバーセキュリティを担当。米国はじめロシアやイスラエルなどで実績を積んだ）としておこう。サイバー攻撃の現状、個人がサイバー攻撃から身を守る方法、サイバー攻撃への危機意識などについて、まるで濃い闇をたぐるような語り合いが展開された。バーテンダ兼コーディネータはフリージャーナリストの渋井哲也氏。

ブラックハッカーとは？

渋井　ブラックハッカーとは何者か。

Z氏　ブラックハッカーはたくさんの種類がいて、目的ごとに攻撃手法を変えるので、定義するのが難しい。

X氏　マルウェアをつくったらブラックハッカーだと定義する人もいるが、日本人ブラックハッカーは最近見かけない。暴力団と組んでサイバー攻撃を仕掛けたり、こっそりやっているのをたまに見かける程度だ。

Y氏　表に出てくる人で悪い人はいないが、潜在的には存在している。大手メーカが技術者をリストラするようになっているので、彼らがグレーゾーン、ブラックゾーンへ行くことはあり得る。

渋井　暴力団など反社会的勢力と関係しているのか。

X氏　情報流出アプリによって大量の個人情報が悪用されたザ・ムービー事件は暴力団系の仕業だった。ただ、暴力団はオレオレ詐欺などの特殊詐欺をやったり、麻薬を販売するほうが儲かるので、サイバー攻撃はあまりやらない。日本でオンラインバンキングの不正送金を一生懸命やっているのは中国人。中国人はああいうところを狙うのが好きなようだ。

Z氏　いまでもアダルトサイトの運営会社は暴力団系が多い。彼らをブラックハッカーと呼べるかどうかはわからないが……。アダルトサイトにアクセスして、不正コードを動かして、利用者の趣味趣向を知り、ターゲット広告を打つという事例はある。情報収集を目的にアダルトサイトにマルウェアを仕込ませるケースは少なくない。

渋井　なぜブラックハッカーになるのか。

X氏　ブラックハッカーのモチベーションは、糊口をしのぐこと。しかし、いまは簡単に儲けられるようなエコシステムにはなっていない。とくに日本はその傾向が強い。窃取した情報を売るのも難しい。まず情報を買ってくれるコネクションを確保しないと、サイバー攻撃で情報を盗んでも意味はない。何のコネクションもないと本来の価値に見合わない値段で売ることになりかねない。

W氏　ベネッセコーポレーションの事件でも犯人は手元に数百万円しか入らなかった。

X氏　サイバー攻撃で情報を取っても、ほとんどの人はお金にするやり方を知らない。お金にするやり方を知っている人は絶対にばれないようにする。だいたい名簿屋に売るような真似はしない。

Z氏　私ならロシア市場で売る。それなら年間1000万円は稼げる。

X氏　普通の人は、そこまで頭が回らない。頭が回ればほかの方法でビジネスをするだろう。

サイバー犯罪で若者ばかりが捕まる理由

渋井　なぜマスコミはサイバー攻撃を熱心に報道するのか。

X氏　それはサイバー攻撃が目立つから。わからないことへの不安もあるだろうし、記者もそういうテーマを追いかけることにジャーナリズム的な使命感を抱くのではないか。被害額だけ見れば、サイバー攻撃を撲滅するより、オレオレ詐欺を撲滅したほうがいい。サイバー攻撃は意外とログが残るので、本気になれば、犯人をすぐに捕まえられる。

渋井　警察はサイバー攻撃をどう考えているのか。

X氏　サイバー上で問題のある動きがないかと警察が聞いてくるときがある。それを教えると、捜査に乗り出すこともある。

Y氏　だから青少年がよく逮捕されるという話もある。捕まえやすいところから捕まえているのだろう。

X氏　サイバー系の犯罪で最もよく逮捕されるのは、不正アクセス。友人のＩＤでオンラインゲームにログインしたとか、ほとんどが子どもの犯罪。

Z氏　警察は県警ごとに独自の取り組みを行っており、毎年春に表彰式があるようだ。何か事件がないかと聞いてくるのは、だいたいその前が多い。

渋井　日本の公共機関で侵入しやすいところはどこか。

Z氏　省庁の出先機関と独立行政法人。

X氏　ただIPAは難しい。

Z氏　厚生労働省も侵入しやすいが、それは各省庁と結び付いていて、入口がたくさんあるから。あと国交省も侵入しやすい。企業については山ほどある。テレワークを推進するようになって穴だらけになっている。いまは中小企業がどんどん政府の重要案件に関わるようになり、機密情報を共有するようになっている。そういった中小企業がサイバー攻撃を受けて連鎖的に政府もやられるようになっている。

X氏　サイバー攻撃にやられているということは、有利な情報を持っていることの証左でもある。そうであるなら、あえて偽情報を流せば、相手は混乱する。偽情報でごまかすのは有効な手段だ。

Z氏　日本政府の中でもそういうことを考えている者はいる。しかし現状の枠組みでは、なかなかできないだろう。

狙われる個人情報

渋井　個人が狙われないようにするにはどうすればいいのか。

Z氏　サイバー攻撃で狙われる＝自分のアイデンティティを出しているということ。狙われないようにするため、私はネット上で7つの名前を使い分けて情報収集をしている。

X氏　私は100くらい名前を使い分けている。それで情報を収集していく。

W氏　サイバー攻撃で情報を窃取されても、法的なコントロールが利かない。

X氏　それは日本で情報を窃取しているわけでないから。日本の管轄じゃないので、国内法は適用できない。

Z氏　ネット上のフリーサービスを語るときの有名な言葉がある。「あなたはお客様ではなく商品である」。ユーザが対価を払わないですごいサービスを使っているということは、そのサービスを提供する事業者は別の部分で相応の利益を得ているということだ。

X氏　米国はグーグルやフェイスブックなどプライバシ情報でビジネスをするIT企業の立場が強い。そのため逆にプライバシ情報を重視しなくなる。一方、欧州にはグーグルのような有力なIT企業がいないので、プライバシを重視するようになる。

W氏　確かに欧州は30年〜40年前から個人情報保護法を施行しているが、米国は日本よりも遅れている。日本は欧州に追随している。

X氏　欧州に追随してはダメだ。なぜならプライバシ情報は開放したほうが国益につながる。逆説的だが、プライバシ情報を保護するには、できるだけプライバシ情報を開放して、国内でうまく管理する。そのほうが国民にとってもよい。国内企業にプライバシ情報を開放し、いろいろなサービスを展開させて、それを海外に輸出したほうがよほど国益になる。いちばんやってはいけないことは、海外にプライバシ情報を持っていかれてしまうこと。海外に持っていかれたら、何に使われるのかわかったものじゃない。日本の役人はその辺をわりと理解しているが、いわゆる有識者の中にはまったく理解していない人が多い。

Z氏　日本では、プライバシを守る前提として、国民の中に一人も悪人がいないとしているようだが、国民の中にスパイやテロリストがいたら、彼らのプライバシ情報まで守られてしまう。「インターネットの利便性をすべての人に」というと聞こえはいいが、それをそのまま実践すると、スパイやテロリストまで利することになる。

スパイ天国日本

渋井　日本にはかなりの数のスパイがいると聞く。新興宗教団体などに潜り込んでいるという噂もある。

X氏　日本は本当にスパイが活動しやすい国だ。いちばん大きいのは通信の秘密が厳格に守られていること。だからスパイ活動がしやすくなっている。通信の秘密をこれほど厳格に守っている国はほとんどない。

Z氏　確かに日本はスパイやテロリストが入ってきやすい環境にある。いままで日本で大きなテロはなかったが、今後はわからない。

W氏　ＩＰＡの集計によると、14年4月から6月で、日本のインフラ企業に対するサイバー攻撃が２２６件も確認されている。これは13年度1年間と同じ数で、明らかにインフラが狙われている。

渋井　米国の映画ではサイバー攻撃でインフラ企業を乗っ取るというシーンがあるが、あいうことは本当にできるのか。

X氏　米国ならソーシャルエンジニアリングを使えばできるかもしれない。ただ日本では起こりにくいだろう。日本のインフラ企業はかなりしっかり運用しているし、絶えず改善しているので隙がない。一方、米国は運用がずさんなので、そういうことも起こり得る。

Z氏　実際米国では、年間数件くらいサイバー攻撃のせいでインフラが止まっている。報告漏れもあるので、潜在的には数十件に上るだろう。

Y氏　日本はダメだとバカにするブラックハッカーもいるが、それでも潜在的に強いと見ている。だから迂闊に手を出せないでいる。

Z氏　日本のインフラで懸念があるのは、水道、航空、鉄道。とくに最新の飛行機はWi－Fiを使ってメンテをするところさえある。しかも審査の関係で数年前にフィックスしたWi－Fiシステムを使っている。

X氏　数年前だと仕様上の脆弱性が残っているので一発で侵入できる。

Z氏　ただ現状はWi－Fiを攻撃しても操縦システムに入れない。できても機内の映画を止める程度だ。一方、水道のほうはほとんどが地方自治体で運営している。自治体はお金がないので、リモートコントロールで塩素などの調整をしているが、リモートコントロールを行う端末が脆弱なのでサイバー攻撃を仕掛けようと思えばいつでもできる。

日本人の危機意識

渋井　日本人は危機感が足りない。

X氏　それは戦場を知らないからだ。サイバー攻撃は戦場がすぐ目の前にあるようなものだ。相手を背後から撃つような真似をしないと勝てないし、守れない。戦っている人間と、戦ったことのない人間には大きな差がある。サイバーの世界でも、戦うときは生きるか死ぬかなので全力を尽くさなければならない。それは日本の普通の会社員ではできない。

W氏　残業時間が月50時間を超えると組合が騒ぎ出すし、70時間を超えると過労死レベルだと叩かれる。これではサイバー攻撃に対処できない。

X氏　だからホワイトカラーエグゼンプションをつくろうとしている。これが日本の競争力の根本になる。

Z氏　おもしろいのはロシアと中国だ。社会主義が色濃いロシアや中国では、いわば公務員のような民兵がサイバー攻撃を行っているので労働時間が厳格に管理されている。例えばバカンスシーズンになるとロシアからの攻撃はピタリと止む。

X氏　仕事でサイバー攻撃をやっている人間は皆そんな感じだ。

Z氏　ロシアからの攻撃は世界中でランダムに見られるが、ロシア時間に直してみるときっかり午前9時から午後5時までだ。

おわりに

私は数年前からサイバー攻撃の動向が気になって、何度か大型連載を企画したことがあった。しかしすべて頓挫した。まず、サイバー攻撃といっても、断片的な情報ばかりで何がどうなっているのか全貌が掴めず、筋の通った記事が書けなかった。サイバー攻撃を受けた企業は、基本的に取材に応じず、応じたとしてもほとんど口をつぐんでにらめっこという様相だったし、セキュリティ会社に取材をしても守秘義務の関係からか、曖昧な表現で要領を得なかった。

そういうわけで、思うように取材が進まず、企画倒れを繰り返していたが、当時は私自身もかなり甘い見方をしており、「まっ、いいか」と軽く受け流すようなところもあった。「結局ウイルス対策ソフトを入れておけば、それで済むんだろう。そのうち技術革新が起きて、サイバー攻撃なんてなくなるはずだ」。そんな姿勢で、いまいち本腰を入れきれないでいた。

しかし、今回は、自分なりに本腰を入れたつもりだ。甘い見方を排除し、極力シビアにサイバー攻撃にフォーカスした。ただ、断片的な情報ばかりで何がどうなっているのか全貌が掴めないというフラストレーションは、当時もいまも変わらず、原稿を書くのに苦労した。

正直に言えば、サイバー攻撃の本質を浮き彫りにし、決め手となる対策を示すという当初の野望は、ごく早い段階で潰えていた。絶対に無理だと悟った。それでも頓挫しなかったのは、サイバー攻撃の危機が放置できない次元に達し、まさに国難と化す勢いで蔓延しているからだ。これ以上、看過すれば、誇張でなしに社会を傾かせるという危機感が原動力になっていた。

サイバー攻撃の撲滅は不可能でも、危機意識を共有し、減災につながるヒントを示すことができれば、それなりに意義はある。そんなことを思いながら取材を続けた。

当初は、セキュリティ会社の技術者や、政府関係者を中心に取材を進めていたが、進めれば進めるほど、言いようのない虚しさがこみ上げてきた。いくら専門家の話を聞いて、事例を集めたところで、私自身の実感が伴わないので、どうしても活字が上滑りした。要するにサイバー攻撃の最前線にあるだろう生々しさに肉迫できないもどかしさがあったのだ。

サイバーセキュリティの専門家であれば、賢しげな解説を弄しても、それなりに絵になるだろうが、私のような門外漢が、ジャーナリズムの立場からサイバー攻撃を取材するのに、頭でっかちな見解をひけらかして得々とするのは明らかに無意味だし、恥ずかしいことでもある。

「これはどうしたってブラックハッカーに接触しなければならないな」。

ある種の使命感を持って、そう決心したのだが、正直、腰は重かった。ブラックハッカーとは、つまるところ犯罪者であり、海のものとも山のものともつかない。バックに大きな組織がある可能性もあり、下手に突いて反撃を食らったらひとたまりもない。そういう危機感もあり、物怖じするところもあった。しかも関係筋からは「日本に名うてのブラックハッカーはいない」「ブラックハッカーに会いたいなら中国か東欧に行け」という声が多く、話はなかなか進まなかった。

日本に名うてのブラックハッカーはいないと信じ込んでいる専門家は意外なほど多いが、私は当初からこの見立てには大いになる疑念を抱いていた。性善説で成り立つ日本の社会だが、いまは、いろいろな意味で不満を鬱積させた層がおり、牧歌的な雰囲気はとっくに雲散霧消している。日本のどこかに身を潜ませて、こちらの様子を窺っているはずだ。そんな見込みを立てて、八方手を尽くしていると、案の定、日本人ブラックハッカーの存在が浮かび上がってきた。

そのうちの数人と接触したときの模様はすでに記したのでここでは割愛するが、あのときの衝撃はいまも忘れられない。不謹慎な言い方になるが、ある意味ドラマチックで非常に充実した取材だった。

彼らに接触することで、ブラックハッカーのモチベーションがどこにあるのかも薄っすらと見えてきた。確かに表面的には金銭であり、政治的な主張やテロ行為が目的かもしれない。しかしその根底には、自己顕示欲、すなわち自分の技術力なり、存在感を示したいという欲求が色濃く滲み出ていた。

仮にサイバー空間で金銭が奪取できなくなり、テロ行為が不可能になったとしても、彼らのうちの何割かは、適当な目的をでっち上げてサイバー攻撃を続けるのではないか。


攻める側と守る側の構図もおぼろげながら見えてきた。

巷間、指摘されているように、サイバー攻撃において、攻める側と守る側では攻める側のほうが圧倒的に有利だ。

物理的な戦争では、勝てはしないが、負けないようにする戦い方が功を奏する場合がある。防御に徹して屈しないでいれば、攻撃側の疲弊・損害が増えて、攻撃を断念するということが起こるのだ。わかりやすい事例はベトナム戦争の際の米国軍とベトナム軍の攻防だ。

ベトナム軍は米国軍の攻撃に耐え忍び、結果として勝利した（負けなかった）。

しかしサイバー攻撃は様相がかなり異なる。どんなに固く防御しても、必ずどこかに弱点があり、そこから突っ込まれる。しかもサイバー攻撃では、守る側に疲弊・損害が積み上がり、攻める側には、ほとんど疲弊・損害が出ない。

最前線に立つセキュリティ技術者は「守るためには攻めないといけない」という趣旨の発言をよくするが、その真意がいまはよくわかる。サイバー攻撃では守る側が攻める側の戦意を削ぐ程度の攻撃力を持たなければ、抑止力につながらない。


サイバー空間を舞台にした攻防の構図を垣間見ることができたのは収穫だったが、一方で底知れない倦怠感、虚無感に襲われた。いまの社会環境で、サイバー攻撃の脅威から逃れるのは、ほぼ不可能だと悟ったからだ。

２０１６年初頭、国際的ハッカー集団アノニマスが日本政府や企業に対して波状的なサイバー攻撃を展開した。どうやら和歌山県で行われているイルカの追い込み漁への反発ということらしい。大多数の日本人からすれば、とんだ言い掛かりとしか思えず、二の句も継げなくなるが、一方でサイバー攻撃の本質を示す好例でもある。セキュリティを強化しているはずの大組織であっても、一度狙われるとほぼ確実に餌食にされてしまう。

あるブラックハッカーが私に言った。

「攻撃された結果だけ取り上げて、大変だと騒ぐが、それじゃ何の解決にもならない。だいたいセキュリティを強化するといいながら、オープンなネットワークを使っているのだから、われわれにお入りなさいと手招きしているようなものだ。そんな甘い考え方じゃ、サイバー攻撃は絶対になくせない」。

学習性無力感。英語で言えばLearned Helplessness。米国の心理学者であるマーティン・セリグマン氏が提唱した学説だ。ウィキペディアには、学習性無力感の説明として「長期にわたってストレスの回避困難な環境に置かれた人や動物は、その状況から逃れようとする努力すら行わなくなるという現象である」と書かれている。セリグマン氏で有名なのは犬を使った実験だ。犬は、抵抗や回避の困難な抑圧の下に置かれると、逃げる努力をしても無駄だと学習し、抑圧を無抵抗に甘受するようになるという。

私は、一時、この学習性無力感に陥っていた。渺茫《ひょうぼう》としたサイバー空間の中にあって、いくらあがいたところで逃れることのできないサイバー攻撃。とくに私のような技術力のない、いわば素人が、賢しげにサイバー攻撃の何たるかを語り、撲滅に向けて立ち上がろうと鼻息を荒くするのは、まるっきりドン・キホーテのような気がして、何だか恥ずかしくもなった。

私のしていることは、丸腰の子どもが地雷地帯で鬼ごっこをするのと変わらないのではないか。近年、予備知識も下準備も後ろ盾もない一般人が、どういうつもりかジャーナリストと称して、勢いよく紛争地帯に飛び込み、何の成果もないままテロリストに拉致されたり、最悪の場合、無残に殺害されるというケースを目にするようになった。紛争地帯を専門フィールドにするプロのジャーナリストが入念な準備を整えて入っても極度の危険が付きまとうところに、あえて白紙で行く。どう考えても無謀だし、いたずらにしか見えない。

私のしていることも実はその類なのではないか。サイバー空間ゆえに拉致や殺害を免れているだけで、単に無謀ないたずらを仕掛けているだけなのではないか。そんな反省が胸中で渦巻くこともあった。

正直なところ「どうせ滅茶苦茶ならブラックハッカーの弟子にでもなって、サイバー攻撃のノウハウを習得したほうが、将来的にはむしろ有効かもしれない」、そんなヤクザな誘惑に、ふと駆られることもあった。

「結局、最も有効な対策はＩＣＴを使わないこと」「端末をインターネットに接続しないことが最善の策」。

取材で出会ったセキュリティ技術者（ホワイトハッカー）のほとんどは強い使命感を持って最前線で真剣勝負をしているが、中には、冗談とも本気ともつかない調子でこんな提言をする者もいた。また、どこのだれとは言わないけれど、ミイラ取りがミイラになっているのではないかと強く匂わせるセキュリティ技術者も稀にいた。サイバー攻撃を防ごうという気概が感じられず、妙に捨て鉢な態度だった。

学習性無力感に陥り、思考停止状態だった私は、そんな彼らにそこはかとない共感を抱いたりもしたが、その一方で、反発も覚えた。

確かにネットワークを遮断すれば、サイバー攻撃にさらされることはなくなる。しかし、それでは、ICTの持つ利便性も享受できなくなる。

そもそも私がサイバー攻撃を問題視するようになったのは、サイバー攻撃を放置すると、文明の利器であるICTの普及が大きく阻害され、社会的な損失を招くと考えたからだ。言うまでもなく日本には抜き差しならない課題が山積している。少子高齢化、人口減少、労働力不足、地域の疲弊……。これらの課題を解決し、持続可能な社会を再構築するには、どうしたってICTをテコとしてフル活用しなければならない。

こうした視座にいまも何ら揺らぎはなく、ICTを普及させる上で、邪魔者でしかないサイバー攻撃は早急に除去したほうがいい。

「サイバー攻撃を撲滅するのは無理でも、その脅威を敷衍し、セキュリティの重要性を訴え続けていくことで、抑止力は向上するはずだ」

こうして学習性無力感からかろうじて脱却した私だったが、振り返ってみると、今回の取材・執筆では、虚無と再起を絶えず繰り返していた。

最後になるが、各種セキュリティ企業を取材していくうちに、妙な錯覚を覚えるようになっていた。企業で働く技術者ではなく、戦場に立つ戦士あるいは傭兵に謁見するといった緊迫感を抱くようになっていたのだ。

実際、ある専門家は「サイバー攻撃の世界はまさに戦場。どんな手を尽くしてでもやらなければやられてしまう」と言及し、頬を引き締めた。

セキュリティ技術者、少なくとも私がこれまで会って来た名うての技術者は一種独特の雰囲気があった。

真の戦いを知る者の眼光とでもいうべきか、そこには畏怖の念を抱かせる何かがあった。

サイバー攻撃、サイバーセキュリティとは、突き詰めればハッカー同士の戦いだ。すなわち悪事を目的にしたブラックハッカーと、悪事を食い止めるホワイトハッカーとの攻防である。

そして、その戦いにはスポーツのようなルールはない。とにかく勝てばいいのである。そういう意味で、血なまぐさい戦争と似ている。

ところで、通常の軍事戦略は二つの方向性を持っている。

まず相手の能力把握。つまり相手を知ることだ。そして研究開発。つまり自分の能力を上げることだ。

軍事の世界では自分の能力を相手よりほんの少し高い状態に保つことをポイントに置いている。それが持続的平和につながるからだ。今日的な文脈で言うなら、日本と中国の関係で捉えてみるとわかりやすい。

こういった軍事の考え方はサイバー攻撃と対峙するセキュリティ企業にも通底する。

結局、まとめらしいまとめもできないまま、終息せざるを得ないが、とどのつまりサイバー攻撃とは、インターネット時代に咲いたあだ花に過ぎない。考えてみると私は年甲斐もなく、妙なあだ花に魅せられて、のぼせ上がっただけだったのかもしれない。

一部の有識者からは「インターネットに規制をかけろ」「インターネットも自動車のように免許制にしろ」といった声が聞こえてくる。

確かにサイバー攻撃の被害を減らす観点からは有効かもしれない。ただ規制や免許は、利用者を限定し、利活用の幅を狭める。ＩＣＴがこれだけ広く行き渡り、生活必需品、ライフラインとなる中で、過度の規制は人々の生活を別の意味で脅かす。過剰な規制はサイバー攻撃以上に人々を苛む可能性があるのだ。だいたい、いくら規制をかけたところでサイバー攻撃は消滅しない。実社会の犯罪と同様、やはり組織、個人の自律的な対応でしのぐしかない。われわれは普段の生活の中で犯罪に遭わないよう無意識に注意している。サイバー空間においても無意識に注意できる習慣を身に付けることが大切だ。

最後に、日々サイバー攻撃と対峙する関係者の方々に敬意を表したい。彼らの地道な奮闘により、大惨事を免れた事例は枚挙にいとまがない。私の取材者としての見解や主張、あるいは愚痴や自嘲、妄言が彼らのプライドを傷つけていないことを切に願っている。

特別寄稿

◉情報セキュリティは防御側が有利

ネットエージェント株式会社　取締役会長　杉浦隆幸

脅威は無知から発生する。最新の技術を使っていれば外部からの侵入は不可能なほど、セキュリティ技術は進化した。いまだ問題となるのは、古いものをそのまま使い続ける、基本的なセキュリティの知識不足、弱いパスワードをつける、標的型攻撃など人的要素がより大きくなっている。ほとんどが、対素人向けの攻撃対策トレーニング受ける程度で十分な対策となる。情報セキュリティに対して責任がある立場であるのなら、情報セキュリティの素人である一般利用者が攻撃の隙を攻撃者に与えないような対策を打ち出す必要がある。

どうしても残る弱い部分は、すべて人の心理に依存している。標的型攻撃メールや、ＵＳ

Bメモリを落としておくなど、高い成功率をもつ攻撃方法の対象は専門家でなく、一般利用者の心理をつく行為である。日本における振り込め詐欺の被害がなくならないのも、振り込め詐欺の存在を知っていても、騙されないと思っていても騙される人が多く、これは人の心理を巧みについてくるからである。この人の心理に依存する脆弱性は、システムを人が使っている限りなくならない。

攻撃をするハッカーは、決して万能ではなく、物理的隔離がされているものや、インターネットにつながっていない端末、無線通信ができないもの、外部インターフェイスを持たないもの、ソーシャルネットワークに名前のない人など攻撃ができないものが必ずあり、それらは将来にわたっても攻撃困難な状態が続く。その中でも、対策が十分されていないものなどが運よく重なってやっと攻撃が可能となる。

人工知能技術の一つである深層学習を使った脆弱性の発見や、攻撃および修正の自動化といった新しい技術を使った方法も実施され始めており、過去にあったハッキング手法もどんどんと使えなくなっていく。

多くの人が十分なセキュリティを得られる状況となっているいま、最新の環境に対して十分な成果を上げる攻撃方法を開発するのは容易ではなく、防御する方法や、修正は容易である。一部例外を上げればセキュリティを考慮されていない設計のシステムやモノにあたるときである。

設計上弱い部分や人がかかわる部分がより明確になると、攻撃手法の限界があるため、攻撃方法の定石化がより進む。攻撃方法がパターン化されれば、防御方法はより決まった方法で十分になる。セキュリティ対策は終わりがないという人もいるが、攻撃できる手法が限られていることもあり必ず終わりがある。

解説

◉ＩｏＴ時代の法人・社会の品格を高めるために

東京電機大学学長　安田浩（工学博士・ＣＩＳＳＰ）

わが国は、世界最高水準のＩＴ利活用を通じた、安心・安全・快適な国民生活を実現するために、平成25年に「世界最先端ＩＴ国家創成宣言」を発表し、年々改定を重ねてその完成度を高めてきています。その実現を強力に後押しするために、平成28年より始まる第5期科学技術基本計画の中では、世界に先駆けた「超スマート社会（Ｓｏｃｉｅｔｙ５・０）」の実現を打ち出しました。人間社会は、「狩猟社会（Ｓｏｃｉｅｔｙ１・０）」から出発して、「農耕社会（Ｓｏｃｉｅｔｙ２・０）」→「産業社会（Ｓｏｃｉｅｔｙ３・０）」→「情報社会（Ｓｏｃｉｅｔｙ４・０）」と進化し、ついにはＩｏＴを核とする「超スマート社会（Ｓｏｃｉｅｔｙ５・０）」

るのです。

の実現を必要とし、そのための科学技術基盤を、今後の5年間でわが国は実現するとしてい

「超スマート社会（Society5・0）」のもっとも大きな特徴は、すべての活動が「情報駆動（Data Driven）」を基本とすることです。そのためには、情報の収集力・評価力が問われることになり、法人・社会が、「いつでもどこでも瞬時に実現する高速偏在性通信網」を使用しているか、・「迅速かつ適切な処理を行う高性能計算能力」を有しているかが問われます。大量の情報を迅速に世界中から収集するには、当然ながら高速偏在性通信網を必要とすることは明らかです。また、収集された膨大な情報を、迅速・適切に処理・加工し、利用者に理解しやすい形で提供するためには、高性能計算力を必要とすることも明らかです。すなわち、使用している有線／無線通信網の高速偏在性と、活用できる計算能力の高性能さが、それと同時にそれらの強靭さと、使用者が高い倫理性を身に着けているかが、その法人・社会の品格を決めることになるのです。

一方、高速偏在性通信網を使用し高性能計算力を保持すれば、サイバー攻撃の危険が増大し、何も対策をしなければ強靭さが失われることは、火を見るよりも明らかです。さらに言えば、このような優れた環境を倫理性高く使用しなければ、尊敬を集め得ないことも当然でしょう。

本書ではまず、「高速偏在的通信網＋高性能計算能力」がいかに危険にさらされるかを、多くの専門家のさまざまな経験を集めて分析することから明確とし、対策なしではサイバー空間がいかに脆弱となっているかを明らかとしています。著者の掘り起こした、いままでにない数多くの脆弱性の証拠をまず共有し、法人・社会の品格を押し上げるためには、サイバーセキュリティの水準をいかに高くするかが問われていることを自覚してください。

本書の後半では、優れたサイバーセキュリティ技術が紹介されていますので、これを学んで、「高速偏在的通信網＋高性能計算能力」を安全に使用する環境を構築し、利活用していることを見せることにより、法人・社会の品格をより高めてください。さらに随所で語られている、優れた環境を利活用する際の、使用者の倫理性の高さが最も問題となることをもご理解いただければ、これに勝る喜びはありません。

本書が皆様の所属する、法人・社会の品格をより向上させることにつながることを、切望してやみません。

北島 圭（きたじま・けい）

株式会社電経新聞社代表取締役社長兼編集長。1971年北海道生まれ。國學院大學文学部卒。著書に『暴走するネット社会』（花伝社）、『マスコミは、ネットを一体どうしたいのか』（サイゾー）、『東日本大震災 通信復興前線ルポ』（電経新聞社）。

実録・サイバー攻撃の恐怖

二〇一七年一月三日 初版第一刷発行

著者 北島 圭
編集 木村俊太
モデル 原野愛弓
写真 河西 遼
ヘアメイク ISHINO
装丁 坂本龍司
DTP 榎本美香
発行者 揖斐 憲
発行所 株式会社サイゾー
一五〇-〇〇四三 東京都渋谷区
道玄坂一-十七-二 三階
電話 〇三-五七八四-〇七九〇（代表）
印刷・製本 株式会社シナノパブリッシングプレス
ISBN 978-4-86625-079-3